海豚启蒙

ENLIGHTENMENT

海豚启蒙丛书

# 康熙大帝

[日] 长与善郎 著
张靖晗 译

海豚出版社

**图书在版编目（CIP）数据**

康熙大帝 /（日）长与善郎著；张靖晗译. —北京：海豚出版社，2016.12

ISBN 978-7-5110-2673-6

Ⅰ. ①康… Ⅱ. ①长… ②张… Ⅲ. ①长篇小说－日本－现代 Ⅳ. ①I313.45

中国版本图书馆CIP数据核字（2015）第150526号

总发行人：俞晓群
策　　划：吴兴文
责任编辑：李忠孝　杨文建　赵　慧
美术编辑：吴光前
责任印制：王瑞松

出　　版：海豚出版社
网　　址：http://www.dolphin-books.com.cn
地　　址：北京市西城区百万庄大街24号
邮　　编：100037
电　　话：010-68997480（销售）　010-68998879（总编室）
印　　刷：北京联兴盛业印刷股份有限公司
经　　销：全国新华书店及各大网络书店
开　　本：32开（889毫米×1194毫米）
印　　张：5.375
字　　数：75千
印　　数：1-3000
版　　次：2016年12月第1版，2016年12月第1次印刷
标准书号：ISBN 978-7-5110-2673-6
定　　价：32.00元

衍生的知识和媒介，甚至将意想不到的信息组合在最合适的地方。就像用关联性方式陈列书的书店，思考那本书旁边为何摆这本书等，想象一下摆书人的“观点”为何。这也是一种启蒙，它有着发散式的思维，使人成长，使人经历意想不到的经历。仿效也一样，有时会变成不同时代、不同国家、不同人物的仿效。

萨特说：“不管怎么说，我现在写书，将来继续写书，反正书还是有用的。文化救不了世，文化救不了人，它维护不了正义。但文化是人类的产物，作者把自己摆进去，从中认识自己，只有这面批判的镜子让他看到自己的形象。”编辑也一样，他编书，他为作者服务，他为读者摆渡，编书就是他的天职。网络阻碍不了读者，也阻碍不了作者，它无法主导一切，但启蒙却是学习的基本精神。透过仿效将知识传承下去，通过启蒙不断地和过去的知识磨合，从中发现新的结合点，取得更多、更好、更新的知识。

将近二十年前，沈昌文先生为我引见俞晓群社长，没想到俞社长快人快语，从撰稿到出书不到五个月时间，便出版了我在大陆的第一本书——《藏书票世界》。虽然该书

# 缘　起

孔子说："学而时习之，不亦悦乎。有朋自远方来，不亦乐乎。人不知而不愠，不亦君子乎。"《论语》第一章开始，便昭示国人学习的起源，在一个"学"字。何谓"学"呢？班固《白虎通义》解释为"觉"，按现代人的说法，即为"启蒙"，小自国学中的蒙学，扩大至终生学习。有趣的是，班固之后，许慎的《说文解字》则将其解释为"效"，亦即今人所谓的"仿效"。班固从哲学上定义，许慎则从经学着眼。启蒙和仿效成为古人学习精神所在，直言之，启蒙为体，仿效为用，但启蒙无疑是学习的第一要义。

西方到19世纪为止，是以欧洲为中心的基督教时代。20世纪则是摒弃神的人的时代，以人的价值为中心的美国文化之花盛开。进入21世纪以后，各种新的媒介、新的知识不断产生，但是，学习的方法基本不变。变的只是如何将以图为主，但这无疑为当时尚处在启蒙阶段的藏书票阅读打开了一扇窗。这期间，每当我到北京出差，正逢他自沈阳而来，我们总是如切如磋，如琢如磨，维持同行兼同道的关系。特别自2009年他担任现职起，每当有新的出版成果，他都会与我分享。2014年10月，我们一起到台北参加两岸书展，共赴王云五纪念馆参观。置身其中，反复叮咛我一定要做点事。

“启蒙文库”缘起如上，特以为记。

吴兴文

# 长与善郎与岩波书店

在日本近现代文坛上，长与善郎（1888–1961）是一位深受中国文化影响的剧作家和小说家。他出生于东京贵族家庭，父亲长与专斋是男爵。自幼年起，长与善郎便在其父的训导下，开始学习《论语》等中国典籍，从而对中国文学和文化产生浓厚兴趣，由此打下坚实的汉学基础。1910年与武者小路实笃等创办文艺刊物《白桦》，引起他对文学的兴趣，于1912年从东京帝国文科退学，立志创作，陆续发表了一些短篇小说、长篇小说和剧作等。其中有不少是以中国历史为题材，除《康熙大帝》外，还有戏剧作品《项羽和刘邦》《韩信之死》《陶渊明》等。

值得一提的是，岩波书店如何与长与善郎建立关系，这得从后来接替岩波茂雄职位的小林勇说起。1920年他十七岁时，从农村到东京进入岩波书店当学徒。小林勇从小受兄长影响，喜欢《白桦》杂志。关东大地震那年深秋，他在镰仓住了近二十天。长与善郎在扇谷的家因地震倒塌，不得不临时寄居在由比滨的友人的别墅。之前小林勇见过长与善郎，趁这个机会过去拜访，两人开始建立联系。

当时《白桦》杂志已经停刊很久，原班人马后来又发行《不二》杂志。长与善郎在新杂志上连载长篇小说《一个叫竹泽先生的人》。小林勇在连载结束前央求岩波茂雄，希望能在岩波书店出版这部小说。岩波茂雄怎么也不答应，小林勇没有放弃，坚持己见，终于得到岩波茂雄的同意。当时小林勇在营业部工作，除了帮忙校对外，他还为该书撰写广告用语。新书出版后不久，京都大学的田边元给岩波茂雄写信，信里热赞《一个叫竹泽先生的人》是本优秀的小说，还说不知广告是谁写的，写得非常好。原本负责编辑工作的只有岩波茂雄一人，后来渐渐让小林勇参与。

不久之后，武者小路实笃从日向新村来到了东京，借着这个时机，《一个叫竹泽先生的人》的出版庆祝会在上野公园的常盘举行。长与善郎让小林勇也参加庆祝会。除他们数人之外，还有岸田刘生、柳宗悦、犬养健等人出席。虽然武者小路实笃提前离席，但有一天小林勇接到他寄来的明信片。上面写着：他前几天在长与善郎的出版庆祝会上见到，很有好感。从此长与善郎和武者小路实笃都跟岩波书店建立了良好的关系，一直到长与善郎去世为止。

1938年，岩波茂雄创立《岩波新书》，将它作为岩波书店成立二十五周年的纪念，他说："岩波新书的期望所在，是脱离学究立场，摆脱古典的限制，根据生活在当今时代的人们的要求，顺应自由，顺应时代潮流，提供有助于现代人普通修养的书。"

《岩波新书》创刊的动机，主要是因为在中国，有数百万的年轻人在参加战争，而日本国内，人们也过着凡事和中国有关的日子，但日本人却对中国一无所知。考虑到这一事实，《岩波新书》尽量将和中国有关的书收入。但这一想法并不十分受欢迎。

《岩波新书》从年末的11月到12月出版了二十余种，当中有武者小路实笃《人生论》、森鸥外《与妻书》、津田左右吉《支那思想与日本》，现代作家中则有川端康成、横光利一、山本有三的作品，其中就有长与善郎的《康熙大帝》。当时的定价源于同年发行的五十钱纸币，价格低廉，出版后大受欢迎。

发刊辞除了请吉野源三郎执笔，岩波茂雄在同年11月《思想》杂志上，又发表了慷慨激昂的出版致辞，气势如虹，表达了对时势的忧愤。“从岛国根性解救我等同胞”，“我们依靠的武人有高迈的卓见吗？能实施一丝不乱的统管吗？”等语句，极大地刺激军部和蓑田胸喜一派，因而收到了宪兵队的谴责信。但是岩波茂雄不畏艰难，按照他们的计划继续出版。从此《岩波新书》和《岩波文库》成为岩波书店的两大响亮的丛书，直到今日。

吴兴文

2015年3月28日

# 目录

# 第一章　康熙帝登基前的时代与环境

## 一

平定岛原之乱后，随着锁国令的颁布，德川幕府二百六十年的统治基础终于得以稳固，将军每日醉心于竞技比赛之中，日本迎来了太平盛世。此时，在隔海相望的中国，山东一带村镇的街头巷尾流传着这样的歌谣：

> 朱家面，李家磨，做得一个大馍馍，送与对巷赵大哥。

意思就是朱家的面粉在李家揉，做出一个大馒头，最后被对面的赵大哥得到了。朱是明朝廷的姓氏，李家代表“闯王”李自成。而据民间传说，清朝的国姓是赵，所以赵大哥指的就是“爱新觉罗”。大馒头很明显就代表着中国的天下。风雨飘摇的大明王朝败在其逆贼李自成的手中，谁知鹬蚌相争渔翁得利，满洲人就像一只突然从北方飞来的老鹰，打败李自成，轻松窃取了其果实。

但是，清朝这只雄鹰并非只是在天空盘旋了几圈后偶然间得到猎物的。在主人家放火，促使明朝早早灭亡的是李自成。而这场火作为天赐的良机，让清朝占尽了渔翁之利，当然，即使如此，也不能单单认为这只是偶然的侥幸。此时年深日久日益腐朽的房屋，无论谁从外部下手，都会瓦解的。而从内部起火终至自我毁灭是它的宿命。由某个统治者建立起一个新兴的王朝，再到它的巩固—鼎盛—腐败—衰亡，而后再出现一个新兴的王朝重复上述路径，这就是中国古代的历史。这一次的改朝换代是国民内生的要求。就像虫子通过变态发育获得重生一样，中国也正是通过许多次的政治上的死亡与重生（前后二十四次改朝换代），才获得了永久的生命。因此，虽然国民不愿意由其他（外来）民族做自己的重生手术，但旧王朝的覆灭并不会损害到国民自身的生命与幸福，反而可能会因为重获新生让他们的生活变得更好。

这里说到的这位杰出的皇帝虽不是汉族人，但他仍然是中国的统治者。因此对于他的上台，尽管会尽可能地避开普通的历史记述，但无论如何，说起他的上台，就不能不提及当时的远东局势。

首先，回顾一下当时日本的情况。奠定了德川统一天下和太平盛世基础的关原之战（1600年）胜利的原因是什么呢？除了德川家康的个人能力外，还有一个原因就是丰臣秀吉征讨朝鲜。如果不是由于认识不足，发动了历时七年的远征战争的话，丰臣秀吉的家臣恐怕不会分裂，也不会产生厌战情绪，并且大阪城的财力也起不到什么作用了吧。但如果因此就说丰臣秀吉的失败对于被侵略国朝鲜及其后援国明朝来说是无关痛痒的，就大错特错了。为了救援附属国朝鲜，明朝支出军费约八百万两白银，相当于当时明朝两年的收入，这对于已经收支混乱的明朝财政来说可算是大手笔。之所以不得不勉强支付这巨额的开支，是因为朝鲜是从侧面牵制满洲兴盛的重要屏障。但是，文禄之役（即万历朝鲜战争，1592—1598年发生在朝鲜半岛）不仅使得朝鲜这个屏障的兵力受损，还使得明朝失去了全面防备满洲和鞑靼（蒙古）的能力。在中央内政顺利的时候，充实边境防卫是理所当然的。但是恰恰相反，明朝却在战争最激烈的时候增税。在实施增税的过程中，有中国历朝历代毒瘤之称的宦官也参与其中。增税逐渐暴露了其恶税的本质，使生灵惨遭涂炭的，百姓怨声载道。

根据以上事实，我们可以窥见，被称作东夷—东胡的所谓化外的民族中，明朝从心底最恐惧的就是被视为非文化种族的满洲族——女真。然而，一波未平，一波又起。恰好当时满洲的统治者是清朝的太祖努尔哈赤。像历朝历代的创始人一样，作为征服者和杰出政治家的努尔哈赤锐意积蓄力量，他看穿了明朝国力的凋敝、北京的朝廷已经失去人心以及辽东防备极其薄弱，于是在万历四十四年，即1616年，他继承汗位（王位），定国号为后金，并宣布独立，同时向明朝宣战。五十八岁的努尔哈赤在这之前忍受着明朝朝贡者的屈辱身份，利用满洲重要的财源物资马匹和辽东的人参贸易得到了经济上的利益。而此时他创设的近卫军（满洲八旗）已经多达六万人。在奉天以东、抚顺附近的萨尔浒山展开的萨尔浒战役（1619年）是影响明清朝代更替的“关原之战”。明朝十万大军中，有把加藤清正围困在蔚山的刘綎等猛将，但仅在萨尔浒战役中，就折损了四万六千多人。于是，天下形势遂定。

朝鲜受到日本侵略时，努尔哈赤表示可派援兵攻击日本。但是朝鲜和明朝关系密切，因为担心以后和明朝反目，朝鲜拒绝了他。之后，满洲和朝鲜发生了战争。太祖的秘书达海询问日本和朝鲜的外交关系时，被俘虏的朝鲜降将姜弘立回答说：“以前丰臣秀吉是我们的仇敌，但是现在却不同了。德川家康灭了丰臣秀吉的家族，表示想与朝鲜重修旧好，我国答应了。”

毋庸置疑，文禄之役是丰臣家族衰亡和德川家族兴盛的远因，同时，也是明朝灭亡和清朝兴盛这一历史转折的一大动因。当然，明朝的灭亡不止是由以上原因导致的。首先，像永乐帝这样的豪杰般的先祖过度扩张明朝的领土，但这庞大的领土到了国力薄弱的时候却成为了沉重的负担。俗语说祸不单行，恰好此时陕西的大饥荒损耗了大量的民力，而饥荒一定会伴随着流寇（匪贼）蜂起横行，这在中国历史上是常事；而另一方面，在东南方，从足利（日本姓氏）末期开始的一百余年中倭寇横行——实际上与其说他们是日本强盗，倒不如说其中的大多数是倚仗日本海盗的武力作恶的中国海盗。——这对于明朝的损害也是很大的。而且，明朝在遭受天灾人祸及满洲军队入侵的同时，又必须为北方蒙古叛乱挤出庞大的军费。即使对于财力相当强大的政府而言，这也是很难承受的。明朝的末代皇帝崇祯帝是一个善良的君主，但是大厦将倾，一木难支。明朝末期，陷入一片混乱的朝廷对于像袁崇焕这样罕见的忠勇机智的有功者——清太祖努尔哈赤当年就是被袁崇焕军队使用的葡萄牙大炮击伤致死的——产生了怀疑，轻易地陷入了清太宗的圈套中。这预示着明朝气数已尽。

明朝大势已去，即使是受到明朝恩遇的股肱之臣，也策划着保全自身，并迅速地抛弃主君，投降敌方，这是中国式的常用手段。历史小说中是这样描述的：李自成的军队整肃地向北京进发，在迫近北京城外的时候，骚动的皇宫中，悲哀的皇帝敲响警钟，却没有一个臣子赶到，他大声喊道："奈何生在帝王家？"并斩杀了当年才十五岁的公主。彼时，小雪下个不停，崇祯帝踉踉跄跄地登上附近的煤山，最后说道："吾尸骨任贼分，勿伤我民一人。"随后便自缢身亡。而此时，他的旧臣们却打开宫门，低头欠身，口呼"万岁"，迎接新朝君主进了城。

然而此时（1644年），将满洲的国号改为大清的清朝第二代英主太宗已经驾崩了，其子世祖（顺治帝）的时代开始了——据说作为清朝内应希望得到清军援助的中国式的"勤王之士"吴三桂追到了京城，应该侍奉新朝的投降者们再次倒戈，李自成的三日天下随之结束。

吴三桂是什么样的人呢？他最初也变了节，顺从了李自成的劝降，但是当他知道爱妾陈圆圆被李自成的部下夺去后，心急生恨，第二次背叛，归顺了清朝。无论是李自成还是吴三桂，在中国本不是什么少见的人物。近代的冯玉祥、张作霖、汤玉麟等军阀多是这样的人。这种人虽然是一丘之貉，但实际上仅仅因为一个情妇的恩怨就与成王败寇的李自成反目成仇，这对于清朝来说反而是一件令人出乎意料的幸运之事。至此，在守关将领吴三桂亲自引领下，清军毫不费力地就进入了太祖、太宗两代君主无论如何都无法攻破的山海关。清朝认为他们不能举着夺取明朝天下的旗帜，而是必须要以替天讨伐逆贼为名目。实际上，在中国还从未有过哪个汉族之外的人以这种非侵略手段取得统治权。

总之，再回到一开始说的——朱家的面粉不止在李家揉，吴家也插手了。悄悄取得中国政权的满洲贤王早在进入北京之前，就对中原和中原人进行了很多的研究。

虽然政权是悄悄取得的，但是这个过程却不简单。从太祖在明万历四十四年即可汗位到其孙顺治帝在年仅六岁时登上紫禁城的宝座为止，二十八年的准备时间是必要的。清朝平定明朝的余党，使天下稳如泰山是在四十年后，即康熙二十二年。

## 二

1661年（顺治十八年）正月的一个傍晚，北京城里的百姓听到警钟突然响起，大家不知道发生了什么事情，都惊讶地猜测着。钟鸣声越来越大，余音袅袅，以一种奇怪的装模作样的悠扬的声音表达着哀伤，但这钟声并没有让人感到有什么意外的事情发生，恰恰相反，好像是意料之中的事情到来了。

“啊，（皇上）驾崩了吗？”

转眼间街上就聚满了人，人们开始窃窃私语，但脸上并没有哀伤的表情，这中间既有最初站着，后来伴随着悲伤和叹气，面色如土，脸上阴云密布的人，又有假惺惺地大声痛哭的人。不一会儿，街上布满了严密的警戒。八旗的满洲骑兵队在街道上森严地疾驰巡逻。但是，这些示威巡逻似乎并没有起到威慑作用。“安心，要对朝廷有信心。皇帝虽然驾崩了，但是大清国的根基并没有因为这不幸的事而有所动摇。你们要努力，不要动摇，要礼貌地表达哀悼之意。”此话一出，人们不再吵嚷。

实际上，百姓并不憎恶清朝统治者。要说起来，清朝一丝不乱、训练有素的武装力量和严整的军队纪律，让百姓对这些异族统治者抱有一种信赖和敬畏。事实上，入京以来的这段时间，这些八旗兵在训练方面，与传统的兵有着本质的区别，他们有着严谨整肃的风气。在四方反满、天下骚乱的多事之秋，有这样的军队固守都城，加强警卫，一定让百姓感到心里有底。总之，不会发生战乱之类的事情。实际上，北京人的想法是，只要不被他们厌恶，那么维护和平的人即使是长城外的留发辫、穿胡服的外族人，他们也会忍耐。

根据时代的变化，统治者的办事方法也在变化。开国者为了树立征服者的威信，自然要严肃政令，甚至会在某些场合下执行严酷的政令，这都是不得已而为之。在周朝文治之前，是武王的武力威慑奠定了基础；明朝的太平是由在境外不断追赶元朝的残余势力、夺得汉民族天下的明太祖（朱元璋）的苛刻严酷带来的。但是，一旦天下归属清朝，民心安定，就宜采用怀柔之策。因此周武王之后的成王、清太祖之后的太宗的为政方法的共同之处就是宽。太宗是不辱父名、文武兼修的贤主，外征内治，功勋卓著。清朝的国号与其统治基础都是在太宗时代大体确定的。但是，确立统治后，就要逐步实行宽松一些的政策，而得到民心之后，就又要回到严厉的政策。就这样严、宽、严、宽交替施行，恩威并施，天下才能安定。于是太宗之后，世祖（顺治）再次施行严令，在他的统治下，刑罚严厉的观念建立。这与其说是根据统治者的性格改变为政手段，还不如说是政治缓急法。同时，当时的情况对于清朝来说，处于绝不允许粗心大意的兴衰存亡之际。

姑且撇开西欧不谈，通过研究日本和中国的历史，我们可以看出，有显著头脑天赋的优秀统治者的家族，其后继者也都很聪明。一个例证就是日本的北条氏，另外一个就是清朝。北条氏历经九代，清朝传承十二世，尽管不是所有的统治者都政绩显著，尤其中期以后更是失去了之前的兴盛，但如果我们看前者的泰时、时赖、时宗（时政、义时及其妹政子，都很聪明），后者从太祖到乾隆帝历经六代，就不得不承认这是很好的血统遗传的历史例证。特别值得一提的是，顺治帝二十四岁夭折，而摄政的睿亲王三十九岁去世，与时赖和时宗早逝也很相似。六岁即帝位的顺治帝后来又将自己八岁的孩子玄烨（康熙）立为幼帝，彼时形势险恶，康熙陷入前途多难的漩涡之中，却不得不继续前行。

但是，顺治帝即位时虽然很年幼，他的身边却有让他安心、给他依靠的有名的智者——他的叔父睿亲王多尔衮摄政，如同大树一般侍立在顺治身旁。多尔衮是太祖努尔哈赤的儿子，太宗的异母兄弟，九皇子。此外，众多人才之中，有自太祖以来受重用的很多汉人学者和投降的将领，比如范文程、萧文程、洪承畴、孔有德等在政治上很有才干的谋士。顺治十三岁亲政，承袭父祖大业，使得清朝的建设取得更进一步的发展，这实际上受到了其叔父的熏陶，做事的手法也承袭了其叔父，还加入了自己的见解。然而，康熙即位时却完全无法依赖摄政王的指导，相反，在他小小的皇位周围，有很多从满洲时代开始就倚仗满洲贵族的身份、行动粗暴的大臣。在太宗和顺治之前，他们戴着忠诚的面具，顺治驾崩之后，他们立刻拥立一个小皇帝，摘下了野心家的假面具。

这是内部原因。说到外部原因，首先，明朝后裔三王叛乱终于被平息了。降清的将领们在根据不同的军功被分封到的地方割据，对中央虎视眈眈，这即是三藩之乱。中国北方是清朝的天下，但在中国南方是不区分满洲和鞑靼（蒙古）的，西洋的传教士将满蒙一律称为鞑靼，鞑靼只是在北京附近骚乱。

被分封的三藩割据的中心云南吴三桂的权威很强盛。一方面，朱舜水（之瑜）逃到了日本，得到了日本的帮助，竖起了反满抗清的大旗。加之郑成功（国姓爷）一族以福建、台湾为根据地，成为了根深蒂固的反抗者。

那时中国的人口，要说到了什么程度，因为是中国的事情，所以只能用笼统的方法进行计算：首先从康熙到两代之后的乾隆时代迅速地增长到一亿七千五百万劳动力。“丁”通常是指十六岁以上六十岁以下的男子。而占据统治地位的满洲人大概最多有三百万人。无论足不足百分之一，所占比例都很小。即使将死，鲸鱼的尾巴一挥也足以将多艘船像树叶一样打碎。

在这些情况和环境中，孤零零地坐在紫禁城皇位上的八岁的康熙有着怎样的心情和决心？

## 三

如果被问起中国历史上，哪个时代是全盛的治世的话，通常人们会回答唐太宗时期。日本将贞观之治作为理想盛世的模范大加称颂，这一点可以从清和天皇也采用“贞观”作为年号看出来。而且，在奈良、平安两朝，日本对唐文化的憧憬以及对唐文化的建设者唐太宗的赞美已经成为定论，并且一直延续至今。

从唐太宗的种种情况来看，“一代英主”这种说法的确会受到质疑。如果太宗处在康熙时代，面对复杂混乱的形势，会采取怎样的做法呢？首先肯定是要以武力平定国内的纷争，肃清前代的弊端和祸根，为厌倦了上百年战乱、翘首企盼盛世的子民提供一个安定太平的环境。并且，单从武力征讨这一点来看，唐太宗并不完全是一个杰出的成功者。他亲自在辽东、辽西的高句丽指挥的几近无用的征讨军最终以惨败收场，即是例证。

但是，另一方面，番邦出身、八岁即帝位的康熙最初担负着的一个很大的恐怖障碍我们没有提及，即当时世界的远东，不，亚洲的形势。换言之，那时——从16世纪中叶到17世纪，日本是从战国时代到德川初期——亚洲大陆开始与西欧各国进行交涉，登上世界历史的舞台。一方面从南边走水路，另一方面从北边走陆路，通过贸易和传播基督教两种途径，西洋人不断向东洋出动。那些如猫一般的红毛军，如果知道亚洲人是沉默的羔羊的话，肯定会立刻暴露出豺狼的利爪，变为侵略军。

那么，世界形势为什么会变成这样呢？我们把这一状况和康熙帝七十年的生涯以及所处环境放在一起来看。可是，中国所处的早已不是只要在本国内部将问题解决就可以安定的大形势了。1517年（当时日本是永正十四年，北条早云逝世的两年前，明朝正德十二年），葡萄牙船发射一发炮弹，就仿佛晴天霹雳一般，让广东的中国居民大吃一惊。自那时以来，中国以及远东地区的政治、经济、文化就已经完全丧失了从前的独立性。世界并没有分为东西两部分，而是成为一体，开始了拥有共同历史的时代。因此，一国的内政就不得不和他国发生联系。而且，外交对象并非是匈奴和突厥等未开化的夷狄之人。

虽姗姗来迟，中华之民有史以来几千年，至此终于遭遇了一个劲敌，而且对方拥有着不逊于自己的另一种文化。在明末清初，与处于中国前代未闻的内外交困之境的幼帝康熙的处境相比，唐太宗之世不得不称为太平盛世了。康熙死后一百四十年，汉人曾国藩平定了始于江南的长毛贼之乱（即洪秀全等领导的太平天国运动）。他曾评价康熙云：自古得人心之贤明之君，开一代盛世，赫赫有名之汉武帝、唐太宗、宋仁宗、元世祖皆天纵奇才，然后世被其泽不过区区数十年。独周之文王与我朝康熙圣祖仁皇帝可泽被后世数百年而不绝——“我朝六祖一宗，集大成于康熙。而雍乾以后，英贤辈出，皆若沐圣祖之教，此在愚氓亦似知之。其所以然者，虽大智莫能名也。”

在清朝国力衰微之际，从异族人口中出此赞美之辞，足以证明康熙之盛德。那么，康熙之德从何而来呢？

# 第二章　康熙的少年时代与其修养

## 一

康熙，名玄烨，出生于顺治十一年（1654年），是清世祖的第三子，母亲是孝康章皇后。传说康熙即位之后，一天，太皇太后问他的愿望是什么，康熙回答道：“愿天下安定，百姓安居乐业，共享太平。”历史上帝王的出现大抵都会被煞有介事地附上此类轶事，然其真假难辨。但在康熙晚年的回忆录《庭训格言》中有以下记载：

> “朕八岁登极，即只黾勉学问。彼时教我句读者，有张、林二内侍，俱系明时多读书人。其教书惟以经书为要。至于诗文，则在其后。及至十七八，更笃于学，逐日未理事前，五更即起诵读；日暮理事稍暇，复讲论琢磨，竟至过劳，痰中带血，亦未少辍。朕少年好学如此。更耽好笔墨。有翰林沈荃，素学明时董其昌字体，曾教我书法。

朕自幼读书，间有一字未明，必加寻绎，务至明惬于心而后已。不特读书为然，治天下国家亦不外是也。

道理之载于典籍者，一定而有限，而天下事千变万化，其端无穷。故世之苦读书者，往往遇事有执泥处，而经历世故多者，又每逐事圆融而无定见。此皆一偏之见。朕则谓当读书时，须要体认世务；而应事时，又当据书理而审其事。宜如此，方免二者之弊。”

俗话说，伟大的人物从小就与众不同。康熙的气势早在其十一二岁时便得到了展示。首先是以汉名“汤若望”闻名的德国传教士亚当·沙尔（Adam Schall von Bell）的处刑事件。汤若望处刑事件是怎么回事呢？说来话长，这要从西洋传教士到东洋传教的缘由说起。

欧洲人到中国来，以唐太宗贞观年间的基督教聂斯托利派（Nestorian）（大秦景教）的传教士为开端，元朝时有意大利人尼科洛·波罗与马可·波罗，后者做元世祖（忽必烈）的顾问长达二十年，他写的《东方见闻录》在当时可谓是一部革命性的著作，与哥白尼的地动说相辅相成，共同推动了哥伦布、瓦斯科·达·伽马、麦哲伦的航海行动。如此一来，相继开辟了新航路的西欧人来到东方，推动了东西方贸易的发展，促进了各国之间的商业利益竞争，而且众所周知，伴随着贸易发展的便是基督教的传道。究其原因，是因为当时东欧诸国受尽蒙古族统治下的元朝的蹂躏，痛定思痛，罗马教皇与各国君主认为基督教的力量能够柔化东方野蛮民族的内心，通过传教的方式驯服他们是当时能够想到的最好的办法。不仅如此，深受路德宗教改革运动打击，在欧洲失去势力的罗马天主教，希望进入欧洲之外的其他地方，寻求新的传教机会。而其中最热衷于传教的派别就是在欧洲本土缺乏人气的耶稣会派（Jesuit）。

罗马天主教传入中国是以弗朗西斯科派传教士，意大利人的传教为开端的。他们还得到一代明君忽必烈的许可，在北京建造了三座教堂。但随着元朝的覆灭和明朝的建立，基督教一下从中国消失了。直到明神宗万历年间，意大利耶稣会传教士玛提欧·利奇（Matteo Ricci）向神宗进献耶稣画像、时钟、玻璃器皿、地图、枪支、风琴等，深得神宗欢心，随后，教堂的兴建也终于获得许可（比泽维尔初到日本传教晚三十年）。利奇在罗马时就认识到中国有强烈的排外性。他认为，要想把基督教传入中国，不能性急地采用直接传教的方式，最好的方法是先以介绍先进的西欧科学之名接近中国的知识分子，得到他们的信任。因此，他早就深入地钻研了数学、天文、地理、医学、农业等，来中国之后还给自己起了一个中文名字——利玛窦。如此费尽心机地准备，虽然最终没有对传教起到多好的效果，但作为传教手段将西方的知识介绍到东方这一开创性的做法，却取得了丰硕的成果。西方的天文学、欧几里得几何学以及测量方法等书籍的汉译工作都是由利玛窦指导其弟子完成的。

利玛窦认为基督教的“神”与中国儒家所说的“上帝”在本质上是一致的，把“神”比作中国人易于接受的上天的统治者，主张以“天主”称呼基督教的“神”。此外，他还将《万国图志》进献给万历皇帝，向皇帝展示世界的五大洲；讲解日食和月食的原理；作为传教手段，他还将基督教的宗教画进行了广泛宣传，并因此使得西方的铜版画技术传入中国，对中国画也产生了一定的影响。而随着西方知识的传入中国，利玛窦以及其后的传教士（比如法国传教士）认识到，也要把中国的知识与思想介绍到西方去。因此，“四书”、《孝经》等书的法文译本问世了。彼时，传教国家中突然针对传教方式产生了争议。随之而来的便是中国的情况逐渐引起了西方人的注意，“中国研究”不断升温。

利玛窦的弟子徐光启（原文为徐光世——译者注）作为明末学者、耶稣教徒和传教士以及西方科学的研究者，在上述几个领域都做出了卓越的贡献。万历三十八年（1610

年），利玛窦客死北京，接踵而来的后继者们为了实现传教的目的，不仅必须是学者，而且有时还需要具备一定的外交谋略、兵器知识等。这是因为，传教士通过传播与提供中国人感兴趣的西方科学知识与武器来达到传教的目的，而中国人对于基督教的传教在某种程度上是很宽容的。事实上，从元世祖以来，中国吸收了很多西方有营养的文化汁液，中国人在利用对手方面毫不逊色于西方人。然而后来，传教士中混入了一些侵略者的爪牙，逐渐没有了先驱者的认真态度，有些人甚至无视中国人的观念与风俗。与此同时，中国出现了顽固的保守主义者，他们认为基督教是异端、邪教，对其持有强烈的反感态度。因此，政府（康熙八年）下达了严禁邪教的命令，龙华民等居住在北京的传教士有的被流放，有的被封了教堂和住宅。而导致局面突然发生转变的原因就要回溯到清太祖举兵。

## 二

上文提到，清太祖与太宗受明军大炮与炮术的阻碍无法进入山海关。而那些大炮正是由1622年来中国的传教士汤若望铸造的。传教士铸造大炮听上去很可笑，但不管怎么说他铸造的五百门铁炮的威力让中国人又惊又喜，也让他得到了中国人的充分信任，于是汤若望开始着手修改历法。自古以来，中国人对“天”就怀有一种特别的信仰，汤若望运用自己的才能加深了这种崇敬与信仰。恰巧崇祯十六年，发生了日食现象，成为证明西方科学优势的一次绝佳的机会。中国本土的天文台钦天监编纂的历书与西方人利用精巧的望远镜和先进的数学知识制定的历法是无法同日而语的。就这样，经过一次次的胜利，他们来中国的目的终于慢慢实现了。明朝末期，中国的基督教徒已经多达数千人。

随后明朝灭亡，到了清顺治帝时期，汤若望受到了英明的摄政睿亲王的赏识，成为钦天监正，甚至被尊称为“通玄教师”。顺治帝死后，康熙四年，被免职的原钦天监正杨光先设计，掀起了排除西洋邪教的运动，汤若望和他优秀的弟子比利时人费比斯特（汉名南怀仁）等被投入监狱，并被判处死刑。之所以会发生这种事情，是因为当时的辅政大臣（相当于宰相）鳌拜等是杨光先的靠山。

恰巧当时中国北方发生了大地震，而就在迷信的中国人对于是否处决汤若望等人犹豫不决之时，康熙帝亲政，汤若望由于之前的功劳被免除刑罚，其同党也在大赦中被释放出来。由于汤若望入狱时已经七十五岁高龄，身体受到了极大的摧残，不久便去世了。而南怀仁是一位比汤若望还要出色的笃学之士，他上奏康熙帝，说钦天监的历法计算有误，并通过实验，证明了自己的推测，功不可没，因此，被任命为钦天监副。这是康熙十二岁时候的事情，在回忆当时的事情时他如是说：

> “尔等惟知朕算术之精，却不知我学算之故。朕幼时，钦天监汉官与西洋人不睦，互相参劾，几至大辟。杨光先、汤若望于午门外九卿前，当面赌测日影，奈九卿中无一人知其法者。朕思，己不知，焉能断人之是非？因自愤而学焉。今凡入算之法，累辑成书，条分缕析，后之学此者视此甚易，谁知朕当日苦心研究之难也！”

当时康熙的侍讲学士孙芑瞻说：“圣祖勤学，前古所无。坐处环列皆书籍，尤好性理五经四书。所坐室中，颜曰敬天，左曰以爱己之心爱人，右曰以责人之心责己。皆御笔自书。”（《熙朝新语》）像这样证明康熙勤奋认真的实例不胜枚举，说明康熙所言并非夸夸其谈。

作为统治对象，有着三千年文化的民族虽然表面上臣服于清朝的权威，但内心却对向清朝俯首称臣深感耻辱，很难对付。但康熙很少采取压迫政策，他常常思考如何才能让他们从心底归顺大清。可能也正因如此，少年康熙才如此勤勉认真吧。

## 三

但是，最让康熙担心的威胁并非来自汉民族，反而就在他的身边。正如在汤若望处刑问题上已经显示出来的那样，被西方科学夺走地位的杨光先一伙人极力讨好并把其当作后盾的辅政大臣，即索尼、苏克萨哈、遏必隆和鳌拜四人，在朝中专横跋扈，威胁到了康熙的统治。四个人本就是满人，因屡立战功而被封了爵位，特别是在顺治帝的遗诏中，他们被任命为康熙的辅政大臣，而且权力世袭。顺治帝之所以会如此失策，是因为当时很难预料到这些满人会随着地位的提高而逐渐轻视幼帝，以致产生反叛之心。事实上，他们可能是由于缺乏修养而忌惮基督教和西方科学，从心底对传教士抱有一种怀疑和恐惧的心理，并希望通过排挤西方传教士来赢得一部分汉人的好感。幸运的是，康熙并不是孤立无援的。他的身边虽然没有摄政睿亲王，但至少还有英明的太皇太后（康熙的曾祖父清太祖的皇后）和皇太后（清太宗的皇后）如同两个卫星一样守护左右，忠义的明代学者熊青岳、李光地等一流人物也侍立身旁。熊青岳与鳌拜等人的关系有点像日本的和气清麻吕与弓削道镜之间的对立。另一方面，太皇太后与皇太后都是蒙古王族的女儿，从蒙古人中挑选皇后是从清太祖开始的一个深谋远虑的政策。

康熙六年夏天，十四岁的康熙召见了他极为信任的侍讲熊青岳，恭敬地对他说，事关内政得失的事情，要无所忌惮地说出来。当时熊青岳的陈述十分详细，充满忧国忧民的热忱：

> “虽然，犹非本计也。根本切要，端在皇上。皇上生长深宫，春秋方富，正宜慎选左右，辅导圣躬，薰陶德性，优以保衡之任，隆以师傅之礼；又妙选天下英俊，使之陪侍法从，朝夕献纳。毋徒事讲幄之虚文，毋徒应经筵之故事，毋以寒暑有辍，毋以晨夕有间。于是考诸六经之文，监于历代之迹，实体诸身心，以为敷政出治之本。若夫左右近习，必端其选，缀衣虎贲，亦择其人。佞幸不置于前，声色不御于侧。……盖皇躬者，又万机之所受裁，而万代之所出也。云云。”

康熙明白，这些是针对鳌拜等人的忠言。他一直以来都有一种强烈的感觉：如有一日清朝灭亡，不是败在外敌手中，而是会亡于内敌。熊青岳的激昂上书从老百姓的艰难状况说起，分析其产生的根源，一直谈到天子的德行。这个上书后来被鳌拜发现，被激怒的鳌拜指责他胡言乱语，多次向康熙上奏，要对熊青岳处以重刑。当然，康熙根本不予理会。

不久，康熙年满十六岁。元旦的早晨，鳌拜进宫朝贺，他身穿黄袍，服饰完全与皇帝一样，只有顶戴不同。康熙看到这番景象，便转身问太皇太后，如何才能除掉鳌拜。早就对鳌拜等人的专横跋扈深恶痛绝的太皇太后指着旁边的骰子说："掷骰子来决定吧。"骰子一共有六个，掷出来的骰子如果彼此各不相同，就是吉祥的象征。

康熙拿过骰子，在心中默念了几句便掷了出去。结果，六个骰子果然彼此都不同面。太皇太后非常高兴，说一定是大吉。因此，康熙坚定了除掉辅政大臣的决心。

有一次，鳌拜托病请假。康熙前去看望，只见鳌拜在火炕上躺着。恰好那时风吹进屋子，把鳌拜的衣服吹了起来，康熙一下看到了鳌拜身上佩戴着一把短刀。按照规矩，臣子拜见皇帝时是绝不允许佩戴凶器的。但这位十六岁的皇帝看到之后却微笑着平静地说，鳌拜不愧为满洲男儿，虽在病中，仍刀不离身。随行者从这件事上看出鳌拜命不久矣。

果然，几天后，鳌拜进宫答礼。一无所知的鳌拜像往常一样来到皇帝面前。就在他将要退下的一刹那，哗啦啦从帷幕后面蹿出十几名少年布库（力士），在他还没搞清楚怎么回事的情况下，不由分说就把他绑了起来，然后投到了监狱。

春秋时，孔子做鲁国的代理宰相，上朝听政才七天就杀了鲁国大夫少正卯。由此可见孔子的确是个行事果断的人。年轻的康熙是否也是想到了当年孔子的所作所为才鼓起勇气的呢?

## 四

这是一幅多么新奇而又具有喜剧色彩的景象！错愕、惊慌、愤怒却只能毫无意义地挣扎的鳌拜，连吃惊的话都来不及说一句就被一群少年力士围捕了。当时还是少年的康熙多少有些调皮地兴趣盎然地看着这一切，想必当时他并没有感觉到自己是如何的英勇威武吧。

除掉四个辅政大臣之后，康熙召开了新的大臣会议，把四人的罪行昭告天下，没收了他们的财产和世袭爵位，鳌拜被处以重罪，苏克萨哈被处死。尽管还是个孩子，但康熙高空射鸟一样将四人或定罪，或处死，显示了他举重若轻的能力，被史学家评为“震慑内外”。

而康熙的英明决断，离不开熊青岳等直言不讳的忠臣的帮助。都说有其君必有其臣，康熙得益于他身边名臣的辅佐是不争的事实。这些大臣中，李光地（晋卿）、叶方蔼（子吉）、汤斌（孔伯）、陆陇其（稼书）、张王书（素存）、张英（敦复）等尤为杰出。这些大臣都是汉族的儒者，也是康熙的老师。不仅如此，更让后人津津乐道的是，康熙一直把比利时传教士南怀仁等人作为近臣、西方学艺教师甚至是精神伴侣。可以看出，康熙在用人方面已经超越了对民族的偏执，不管是汉人还是外国人，都能得到重用，体现出康熙与生俱来的公正与宽容。

但是，重用汉儒并非康熙首创，这是清太祖努尔哈赤以来的惯用手段。太祖在位期间，任用语言学者达海修改蒙古文字创制满洲文字（在这之前，虽然女真族有自己的文字，但是并不完善，几乎无法使用，在实际使用中蒙古文字不仅不方便，而且在民族心理上也有不利影响）、编制满洲军队、铸造货币、振兴贸易、为结好蒙古尊崇喇嘛教等等，在众多的政绩中，与所有英明的执政者一样，他也非常重视人才的任用，特别是在优待汉族贤才方面，值得大书特书。当然，最早这样做的也并不是清太祖。自古以来，不论是渤海、辽，还是金，统治满洲地区的各国首领“汗（王）”都是因为效仿和学习汉族文化知识，才实现了统治的繁盛。

清太祖性格冷峻，实施屠杀汉儒的政策。但他却多亏了身边有像奉天（沈阳市旧称）人范文程这样难得的忠心耿耿的学者为他建言献策，帮助他组建国家机构、制定国家制度，为其更好地统治汉人立下大功。而更大规模地利用汉人，并取得显著成效的是第二代君主——清太宗。

清太宗在战略上毫不亚于其父亲，甚至是一位比他父亲还要杰出的政治家。他将满洲的国号由后金改为大清，调整姿态，确定了对明朝的政策。趋炎附势的朝鲜借端生事，他们认识到明朝即将覆灭，从军事实力上看，归顺满洲对自己十分有利。对满洲来说，没有了南方这些“小苍蝇”的牵制，就可以放心远征蒙古了。

清太宗并不想和蒙古起冲突，因为如果与蒙古发生冲突的话，正好中了明朝的计谋。“以夷制夷”自古以来就是汉民族的传统国策，他们岂止是希望蒙古与满洲相互争斗、残杀，甚至希望满洲内部和蒙古内部也形成若干部族并存、斗争的局面，以防止其形成统一的强国，威胁自己的统治。清太祖举兵抗明最重要的原因是，自己的祖父和父亲就是被明朝军队杀死的，成为明朝对满政策的牺牲品。不仅如此，明朝军队还不断袭击蒙古的察哈尔、科尔沁地区，从侧面牵制满洲。因此，为了防患于未然，清朝采取了措施先发制人，制定了世代与科尔沁王族联姻的政策。

即使不存在姻亲关系，满洲与蒙古也只是种族不同，两者在语言、风俗、宗教上有很多相似之处，甚至有很多满洲人拥有蒙古名字。而汉族与蒙古族在生活方式上存在很大的差异，汉族是农耕民族，而蒙古族是游牧民族；满族是半耕半牧（汉族称其为半行半居），与蒙古族十分相似。因此，从各个方面来看，满族与蒙古族这两个塞外民族都应该相互帮助，携手合作，共同对抗和制约汉族。

但是，清太祖以来的仇敌察哈尔王林丹汗却瞧不起新兴的清朝，常常侵扰清朝的边境。清太宗意识到清朝与蒙古很难两立，进攻才是防守，教训才能结交，于是亲自率精骑向漠北进兵，一举击溃林丹汗的军队。这个胜利可以说是对明朝和塞外民族的一次成功的示威运动。从此，他得到满洲人以及投降的汉人和蒙古人的拥立，坐上了皇帝的宝座。“满洲”这一名称也是那时定下来的（这是从女真人的祖先“满住”的谐音转化而来的，而“满洲”与“曼珠”“文珠”谐音，即希望信奉喇嘛教的西藏人把女真人的祖先当作是文珠的化身；而西藏出于推进喇嘛教发展的考虑，利用清朝皇帝的身份，在所献文书上，充满煽动意味地称其为“曼珠师利大皇帝”。至于两种说法孰先孰后，现已无法判定。总之，“满洲”这一名称就是由“曼珠—满住”的谐音转化而来的）。

当时，太宗又得到两个重大的喜讯。其一是北京政府轻易地陷入了他的计谋之中，把名将袁崇焕凌迟处死；其二是将明朝的参谋洪承畴生擒。洪承畴最初拒不肯降，太宗亲自看望洪承畴并以礼相待，对他关怀备至，部下们对此很是不满，太宗却喜不自胜地对部下们说："汝等皆瞽，我今获一导者，安得不乐！"果然，后来洪承畴成为他军政大事上的得力领航员。

当时，进入北京并非难事，但就像一只并不直接将猎物吃掉，而是先玩弄一番的老虎一样，清太宗并不急于入关，而是集中力量巩固根据地。他知道，汉民族虽然势力衰退，但他们有着决不允许被侮辱的性格和潜力。历史多次证明了这一点。自古以来，越过长城的胜利者不知凡几，为何最终却都覆灭了？虽然在战争中被打败，暂时将都城让给异族，但依靠特有的文化力量，将异族驱逐出去，获得最终胜利的都是汉民族。这些入侵者并不是没有做准备，他们都对汉文化可怕的同化力量保持警惕，但最终还是被同化了，一步一步地走进这个陷阱。总而言之，由于塞外民族的"趋光性"，都希望能够进入汉地，而只要有实力，这并非难事。但问题在于进入汉地之后。吸纳优秀的汉人，并利用其制定我们的体制，促进文化发展的确是一个很好的选择，但是否从此处搬到彼处居住，对此有必要进行慎重的考虑和研究。

"昔日辽、金、元不居其国而入处汉地，易世之后，皆成汉俗，因欲听汉人居山海关以西，我仍居辽河以东，满、汉各自为国，故未入关，引军而返。”

这是太宗引用的太祖的遗训，由此看来，太宗起初并不想入主中原。而且明朝的投降者和战乱避难者当中有很多非常优秀的人物，但这些人为何归顺满洲？如果研究他们的动机，就会知道几乎没有人从心底想永久居住在满洲。深谙明哲保身之道的他们，为了躲避迅速陷入衰落的明朝的暴政和战乱，表面上对清朝毕恭毕敬，但实际上是希望借助清朝的武力平定天下，结束战乱，等天下太平之时，再回到故土。也就是说他们的本意是利用清朝的势力，如果认为他们只是心甘情愿地被清朝利用就大错特错了。

充分考虑这些汉人的想法之后，太宗逐渐下定了进入汉地的决心。原因有三：其一，随着军队的扩充，食物、衣物等所有的军需品数量不断增加，当时仅依靠满洲的收入是远远不够供应这些需求的；其二，山东一带发生叛乱，叛军首领孔有德、耿仲明、尚可喜陆续归降满洲，总计一万三千余人的加入，使满军实力具有绝对的优势；其三，这些降将鼓动太宗和他身边的人，并进献占领明朝本部的计策。其实，就算没有这些原因，太宗心中也慢慢产生了有朝一日坐上紫禁城内皇帝宝座的想法。

话说回来，满汉本就是在互相利用，太宗被汉人利用，反过来他又利用汉人，汉人也是如此。两者的利害得失在这种情况下是完全一致的。就在万事俱备，即将踏上中原舞台之际，太宗却突然暴病身亡。于是，六岁的顺治帝，以“顺天治人”的名号登极，由太宗的异母弟弟睿亲王多尔衮摄政。恰好那时，李自成在北京叛乱，睿亲王以此为由率领讨伐闯贼的部队向山海关进军。但清朝内部的王族之间却发生了内讧，陷入一片混乱之中。意想不到的是，名将吴三桂却因爱妾的事情一怒之下背叛了李自成（彼时，吴三桂已经投降李自成——译者），打开山海关城门迎接清军入关。

## 五

在这种背景之下出生的康熙，也许正是为了实现父亲和祖父的遗愿才不懈努力的吧。

康熙生来天资聪颖、勤奋好学，这一点是毋庸置疑的。小时候，太皇太后给康熙请了两位师父：河南人汤斌和魏裔介，给他讲解经书和宋学。起初是每隔一天讲解一次，后来康熙说：“人主临驭天下，建极绥猷，未有不以讲学明理为先务。……隔日进讲，朕心犹然未惬。”于是，改为每天讲解。就连因修葺宫殿，搬到瀛台居住时，康熙都下令进讲一日不可少。三藩叛乱时，北京城内外陷入混乱，进讲的学士们希望变更讲课的时间，康熙说："不妨乘间进讲，于事无误。工夫不间，裨益身心不浅。"翰林院学士们说以几务殷繁，请间日一进讲。康熙说："军机事情，有间数日一至者，亦有数日连至者，非可限以日期。其仍每日进讲，以慰朕惓惓向学之意。"

关于每天进讲的时间，起初康熙每天天还没亮就上朝，处理完各个部院上奏之后，再去听学士讲课；中年以后，改为进讲在前，上奏在后。因此，侍讲学士们每日天没亮就要进宫等候。

清朝逐渐确立了统治地位，四海平定，爱新觉罗氏的天下犹如磐石般稳定。此时，正值康熙即位后第二十二年，即康熙三十岁的时候。而天下不安定的那些年，也正是康熙勤勉读书，渴求知识的一段时间。对事物充满好奇心，凡事都要亲自了解探究一番可以说是康熙的嗜好，但这并不是为了装点门面，而是他的内心充满对知识的渴望，这从下面一段话中可窥一二，他曾经对讲官们说："尔等进讲经书，皆内圣外王、修齐治平之道，朕亦孜孜详询，每讲之时必专意以听，但学问无穷，不在徒言，要惟当躬行实践，方有益于所学。尔等仍直言无隐，以助朕好学进修之意。"

众所周知，康熙意图利用朱子学统一国民思想，他之所以有这样的想法，很大程度上是因为受到熊青岳和叶子吉思想的影响。一天，康熙问叶子吉："诸葛亮何如伊尹？"子吉答道："伊尹圣人，可比孔子；诸葛亮大贤，可比颜渊。"康熙首肯。又有一次，讲到《中庸》，康熙问："'知''行'孰重？"子吉答道："宋臣朱熹之说，以次序言，则'知'先'行'后；以功夫言，则'知'轻'行'重。"康熙略微沉默，说："毕竟'行'重，若不能'行'，'知'亦虚知耳。"

据康熙自己说，二十岁之前，他已经能够熟练背诵"四书五经"了，随后又迷上了《资治通鉴》，阅读《资治通鉴》可以知晓前朝政治上的利弊得失。十七八岁时，康熙曾因过于痴迷读书而咯血，即便如此，他也没有停止阅读。所谓二十岁时"通晓"四书五经，只是从词句的理解上而言，尚不能说具有了汉族贵族的修养。但是为何他一定要在这些方面花费时间呢？他一直以来感兴趣的学问是中国古典研究之外的东西，即西欧的数学、物理、天文、历学等科学和哲学知识。关于康熙对这些知识的勤学态度，在后面的章节中还有相关叙述。总之，康熙认为，所谓学问，在中国传统学者看来，天子的价值只能是通过自己的努力来实现，除此之外，别无他法。因此，康熙坚信天子不仅拥有至高无上的名誉上的地位，与此同时，他也必须拥有最高尚的德行。他怀着这样的抱负钻研学问，同时，他又自然而然地领悟到一种可称得上是“中心信念”的东西，这个信念非常重要。

那么这个信念是什么呢？不是别的，正是对汉人性格特点的认识。下面是引用的卫藤利夫的一段话：

汉人自古以来就传承着他们的古老文化，是深受一种文化熏陶的老滑头。在道德堕落的世道中，汉人将汉民族特有的文化中那些流于表面的、形式化的不好的内容夸大，并将其运用于生活中、为人处事中，甚至是政治和外交之中。与其这样说，倒不如说是这已经成为他们的本质特性，深入骨髓，无比牢固。汉人有一个独有的，不知是弱点还是优点的要害，那就是所谓的“以其人之道还治其人之身”。另一方面，对于那些体悟并践行“道”的人，他们又非常敬佩、支持和信赖。上至王公贵族、下至黎民百姓，无一例外地具有这个特点。中国经过了那么多次的改朝换代，但孔子的后代一向受到百姓的尊敬，受尊敬的程度甚至连帝王都望尘莫及。如今可能不像当初那样，但直到不久之前，在满洲，不管去多么偏远的地方，天主教的教徒即使遇到土匪也不会受到伤害。对于汉民族特有的这个性格特点，康熙帝身体力行，亲自实践。真正的王者作为“道”的领悟者和践行者，会诚心诚意地为了百姓的福祉和天下的太平奉献自己。做到这一点的必须是货真价实的帝王。如果说康熙帝的这些作为是他的策略和欺骗手段，即所谓“谎言中的真实”，那么在历史上像这样的皇帝也绝不会有第二个，可谓是绝妙的手段。我们先不考虑他的动机，康熙始终秉持“必须做一个真正的皇帝”的信念，修养品德、学习知识，把汉人的道德修养作为自己的行为准则，尊崇汉人所尊崇的东西，可谓是真正的皇帝。

中国有三千多年的历史，历朝历代的帝王加起来有数百人，但也许没有一个皇帝像康熙那样，因为他从心底渴望成为一个真正的皇帝、一个“货真价实”的皇帝、第二个周文王，并朝着这个方向努力。而且他也到了无法使自己不努力的程度。要说起来，太宗比太祖野心更大，得到满洲这个“陇”，还望着整个中国这个“蜀”。但是，康熙的欲望却不仅仅是得到“蜀”。也就是说，历朝历代的那些君主，将天下的贤才聚集起来，并充分发挥他们的才能为自己所用，但康熙并不满足于这一点，他希望自己能够成为那种贤能之人。而且，我们只有看到这种欲望对于他来说已经内化为生命的一部分，才能真正理解他勤勉努力的心情。

但是，康熙毕竟是一个帝王，因此，这个“货真价实”并不是寻常百姓所追求的“货真价实”，而是一个“货真价实”的帝王，即达到内圣外王的目标。身为帝王，就不可能离开政治，像一个学者、文人那样，仅从个人的角度去思考问题、做学问，无论是写文章还是做学问，他都要付诸实践。那时，风靡全国的阳明学逐渐衰微，而明永乐帝以来的朱子学再次兴盛起来。康熙没有忽视这一点，他把朱熹列入中国十圣的行列，把朱子学作为国学的中心，对朱子的推崇到了无以复加的地步。“成为中国真正的圣贤”是无论如何也不会改变的最高的政治方向。

究其原因，是因为没有任何一个国家像中国这样重视道统。二十四次的易姓革命，都是以维护、振兴、延续这个“道统”为借口进行的。

道统是什么？它指的就是尧舜先王的治国之道，就是代表天意的“德”，是孔子所说的“文王既殁，文不在兹乎？天之将丧斯文也……匡人其如予何？”中的“文”，即“文化”。中国人无论受到什么样的外敌入侵，他们都会以“中华之民”“世界上唯一的文化之民”自居，他们永远都会坚持这份自尊心、自豪感，这是他们的生命。

作为政治的最高权威，皇帝也会在维护道统时，使用权力或武力。而使用权力或武力完全是为了复兴、维护道统，这是“王道”，能够实现这个王道的拥有权威的人非天子莫属。因此，被上天授予生命的天子，与辛苦劳累并存的，还有至高无上的荣誉和快乐。

顺治帝进入北京时，摄政睿亲王利用范文程等人的智慧，对天下声明：满洲朝兴正义之师，是为明朝的百姓报国恨家仇，以恢复万历初年天下和平的秩序。由于明朝已经没有了继承人，不得已只能继承明朝的统治。如此言辞巧妙的长长的声明，也为投降满洲的明朝人做了辩解。

但是睿亲王这些巧妙的辞令却只停留在一个口号上，真正将其付诸实践的是康熙。

书读得越来越多，对汉人与汉文化越来越了解，青年康熙心中的信念如春天一般充满希望。

# 第三章　康熙的科学精神和西洋人的康熙观

## 一

康熙有着难得一见的好学天资，不满足于中国原有的学术知识，除了学习当时在北京居住的天主教传教士的西方科学理论之外，甚至还热衷于研究哲学。因为体会到了其中的乐趣，所以学习时丝毫不觉得疲惫。将康熙与明朝天子进行比较会非常有趣。明朝末期的君主中，甚至还有目不识丁者，他们在听大臣侍讲时，把帷幔放下，侍讲大臣只能从帷幔中看到一点人影，如此一来，谁也不能判断皇帝在里面是不是睡着了。自然，政治等事务均由太监一手处理，连生杀大权也握在这类人手中，这样的情况下，无论是官吏还是学者都不能认真勤勉。

康熙不纸上谈兵，一切都追求实实在在的结果，他尤其钟爱中国学问中最科学的宋学，且将此精神用于探索西方科学，尤其是将数学作为第一基础的学科，对于奠定梅定九（梅文鼎）家学的基础有很多借鉴。梅定九与明末的王错兰一起，立志于探究西方的天文、历法、数学和音乐。作为尝试修正中国原有学科的学者，他有二十九种共七十四卷的著作。因为康熙从年幼就喜欢学习算数，偶然的机会，欧洲的代数传入中国，遂以此为契机，亲自与大臣进行研究，翻译过来，命名《借根方》。然后他又命令梅定九的孙子瑴成专门进行研究，最终得出了欧洲的代数与中国的天元术是相同的结论，大为高兴，说，“西人名此为阿尔热八达，译言东来法也”，认为中国的方法比西方更早产生。

在原本就是农业国的中国，天文、历法自然十分发达，即使是说在农家编写农历时就已经用到数学也不为过。某位教师的书中写道：“要是说中国人对什么感兴趣，在世间莫过于天文学了。光学、静力学、重力学等数学，还有实验，都不是他们所感兴趣的东西。他们对计算、制历、预报日食和月食有着天生的热爱。在欧洲，数学被看作是无用的学问，在中国却是最鼎盛的文艺，这些学问的教师，甚至像最高地位的诸侯一样，跪在离王座那么近的地方，常常陪伴在皇帝左右。”作为向中国皇帝敬献的物品，望远镜、显微镜、手表、天文测量仪、密画等备受推崇。

康熙从回族的中国天文学家的权威人物，因言语犯上而殒命狱中的杨光先，之后是德国人汤若望那里接受了西方数学的入门教育，之后跟随南怀仁教授，后来又师从法兰西的白晋（Bouvet）、张诚（Gerbillon），葡萄牙的徐日升（Pereira），意大利的闵明我（Grimaldi）等传教士，继续学习，为此给他们配置了满语老师。此外，给他们各种款待，使他们过上优越的异乡生活。他们使用并不熟练的满洲语，教授康熙几何学和三角原理。年轻的皇帝热心地倾听，不时地提出尚有疑问之处，在暗色的板子上边画着图边思考，不知疲倦地认真反复诵读。“我对同一个定理和证明要读上十二遍。”康熙曾率直地写道。“皇帝转眼间就学会了数学，编述了几本书，给皇子们作为教科书，对欧几里得的几何难题进行说明。皇帝统治着世界上最大的帝国，身负重任，但却不为其所拘束，在后宫里一手拿着直尺一手拿着圆规，端详思考。并且不仅限于研究理论，也重视知识的实际应用，理论的正确组织。皇帝又亲手拿着一个球体，实地测量其重量和直径的比例。同样也反复琢磨圆柱形和圆锥形、多锥形等的比例和容积。并且皇帝也学习测量山、河和池塘，当纸上的计算和实际的结果相吻合时，从内心感到高兴，接受臣子的祝贺时面露喜色。”“这一段时间，连续五个月，我因和康熙亲密相处倍受感动，天亮时在宫中一起径直走进皇帝的寝室，有的时候一直到下午三四点还没有出来。命我一起与他共享黄金容器里的珍馐佳肴。”（南怀仁）欧几里得的几何学在明代万历年间已被利玛窦翻译成了汉语，康熙命南怀仁再将其译为满语。对于耶稣会士来说，被皇帝特地敕命为满洲语的教师，也方便他们做传教这一本职工作，作为回礼这点奉献他们还是乐于做的。特别是这位皇帝虽然年轻，却对西洋科学和哲学抱有极大的兴趣，这对他们来说也始料未及。他们旨在将西洋哲学和基督教的神学思想灌输给这位皇帝，以引导皇帝迈出改变其宗教信仰的第一步。他们选用杜哈梅尔（Duhamel）著的《古今哲学》作为教材，由白晋和和张诚担任讲师。后来，讲师们著成《康熙传》一书并进献给了法国国王路易十四。康熙详尽地追问了许多关于法国的国土面积、国情和社会制度等问题。

从这些事情来看，不由得让人怀疑耶稣会士接近皇帝是不是有传教以外的目的。事实上中国人也确实很怀疑。当时设有礼部，是一个类似于兼日本宫内省和内务省警保局二者之职的文化教育行政机构。依照当时依然存留的旧制度，若没有礼部许可，纵然是皇帝的旨意也不能生效。即使康熙帝年轻有为，举世无双，也不能突然废止这一制度。而且有时候当皇帝遇到纠缠不清的头疼事时，只消吩咐上奏礼部就可以优雅地从中脱身，因此康熙虽然暂且认为这一制度碍手碍脚，有时却也适当地加以利用。总之，这些满汉人士皆是故步自封、信奉佛教儒教之人，他们本来就是保守的攘夷一党，即使对西洋科学没有反感之意，也绝对不会标榜西洋科学，更不会对蜂拥而至的耶稣会士抱有好感。退一步来讲，即使他们相信这些耶稣会士别无二心，但却没有理由相信在背后操纵这些耶稣会士的外国政府毫无侵略意图。并且从怀疑的角度来看，也不能说这些传教士百分百都秉承着单纯的殉教精神而来。区分他们的精神是否纯洁并不是一件容易的事。康熙八年（1669年），彼时康熙虽然年幼，却已然称帝，中国政府禁止中国人信奉基督教，但却准许外国人信教，也准许他们建立教堂。仅南怀仁等耶稣会士被允许进行传教活动。不用说，这自然是由于杨光先一派的攘夷党煽动礼部的结果。这一禁令在江南地区引起轩然大波，发生了当地信奉佛教、儒教之士迫害基督教徒的一场骚乱。

在康熙看来，中国自古就引进佛教、喇嘛教、回教等外来宗教，也准许这些宗教建立寺院，并没有发生过什么事情，为什么独独禁止基督教的传教活动，这实在是毫无理由，自相矛盾的。不仅如此，虽说除佛教以外的教义多为虚妄之言，近乎迷信，但天主教的教义却很完美，其传教士和信徒的言谈举止也无可挑剔。更甚者，他们所带来的科学知识对中国的文化和国防大有裨益。当吴三桂造反，南怀仁铸造的大炮解救清朝于危难之时，康熙就愈加相信这一观点。当然，在接踵而至的传教士之中，也混入了来自欧洲各国的间谍，他们打着耶稣教的幌子来到亚洲，为分到当时正在进行资源开发的殖民地市场的一杯羹而相互竞争。但假使耶稣会士的真正意图就在于此，要如何才能防止他们的野心和入侵呢？事实摆在眼前，仅仅是闭关锁国是不能让国防固若金汤的。若要国富民强，只有主动引进他们的文化，师夷长技，唯此而已。

不管怎样，当时中国人的科学思想极其幼稚，认为天圆地方，在解释日食月食现象时，要么说太阳吞了月亮，要么说太阳中间有大洞，当月亮到达其对面时就会失去光泽。一位传教士曾说："中国人曾认为世界和中国的十五省一样大小。他们认为在本国周围的海上分布有岛屿，并以此命名与中国有关联的国家。他们还认为即使把这些岛屿都加在一起，也不及中国最小的一个省的面积大。"这样一来，不管中国人怎样夸耀自己的精神文明，当时的中国也不可能在世界生存竞争之中屹立不倒。为帝王者，须头脑明晰，做出正确的判断。在这一点上，康熙确实有相当的自觉和自信。

## 二

正如我前面提到的，康熙传记的特色，或者说清朝历史的特色，在于其复杂的国际舞台，这是任何一位中国帝王在位时期都无法匹敌的。因此我们有必要了解一下派遣传教士到亚洲去时的背景。

众所周知，葡萄牙人达·伽马发现了去亚洲的航路，自此，葡萄牙人率先掌握了自印度以东到中国地带的商业、贸易及传教的主动权。在这之后的明朝嘉靖年间，即日本战国时代，最先来到日本宣传基督教的就是弗朗西斯科·沙维尔，他认为日本人是中华文化的崇拜者，因此，若要将日本变为基督教国家，就必须先在中国进行传教。虽然他永远地倒在了去往中国传教的路上，但是继承了他衣钵的利玛窦敏锐地洞察到，在中国，从古时的家族主义宣讲的“孝道”演变而来的祖先信奉和儒教思想根深蒂固，任何教义都不可能取而代之，若想使在中国的传教做出成果，则只能尽量向这种祖先信奉的观点和儒教思想妥协。利玛窦一直致力于实行这种折中之道。同时，由传教士带回的报告书显示，欧洲知识分子渐渐明白马可·波罗所著的《东方见闻录》一书中所记载的关于中国的报道无非是夸大其词，满纸荒唐言罢了，但却带动了欧洲人对中国及其文化的关注和兴趣。葡萄牙商船运回的中国陶瓷器具、织锦、丝织物、绘画等商品则活生生地证明了中国的存在。有趣的是，一开始就认为本国文化举世无双、唯我独尊的并不仅仅是中国人，欧洲各国人民亦是如此。他们坚定不移地相信，除基督教外再无宗教，除希腊文明外再无文明。他们欧洲人并不知道远东的事情，只一味轻蔑地认为远东人是未开化的狂热教徒，野蛮人而已。但是自16世纪后随着航海事业的发展，欧洲人来到中国，在这里，他们遇到了超乎他们所有想象的优秀文明和传统，这份横亘四千年的独一无二，令他们惊叹不已。

> “广东，交趾支那和中国人绝不是卑躬屈膝的可怜虫，野蛮人，正相反，他们很早就形成了社会，有高度的法制，并努力建设维护社会秩序与治安的政治制度，其国人因此福泽绵长。”
>
> “中国人承认他们从不怀疑自开国皇帝以来的历代天子的族谱。再也没有国民能像中国人一样勤奋工作，并且对历史观念有着渊博的知识。大多数皇帝尊重历史，甄选最有学识的儒者为先帝编纂传记等等事例不胜枚举。”（传教士的报告书）

自利玛窦传教士之后，在中国传道的其他派别，也就是方济各和多明我两派的传教士对自己的信仰虔诚到了冥顽不化的地步。出于对耶稣会士一派成功的嫉妒，他们向罗马教皇上报说耶稣会士默认中国人的礼仪习俗，这无异于是一种堕落的行为：中国人所信仰的“天”或是“上帝”就是苍天，并不是利玛窦所认为的天主，如果这种歪门邪道也能被认可，那还何谓传教！耶稣会士对这个观点加以抗议和辩驳。因而两派在如何解释中国传统礼仪中“天”这一问题上针锋相对。教皇也没有预料到各派的观点会如此大相径庭，以至于引起了一些混乱。曾经有一位居住在中国的耶稣会士为了证明自己观点的完美性，对中国文化进行了详尽的研究并将结果予以发表。教会的长老想要通过这些研究报告了解孔子的儒家精神的精髓所在。（请参照后藤末雄所著《中国思想的法兰西西渐》一书中，《中国与欧洲的接触》一栏）

对于上述论断——中国人所信奉的“天”或者“上帝”仅仅只是苍天——这一说法，康熙帝的论述则比什么都有力：我们不是向眼所能见的物质天，而是向天主祭祀。虽然有诸如这样的误解，但不管怎样，出于求知欲的好奇心加快了传教的步伐，关于中国的研究和著述在欧洲接二连三地出版了。在这其中，出版书籍最多的当属分管于葡萄牙并得到罗马教皇特许的传教士以及旅行家。当然，随着葡萄牙与中国互通商贸，开始独占外来的中国文化，葡萄牙便成为欧洲各国羡慕嫉妒的对象。此时的欧洲虽说还没有能力大张旗鼓地向远东发展，但这个时代作为资本主义旺盛期的萌芽时代或是说准备期，已经人才济济，百花争艳。如英国的伊丽莎白女王（万历时代），西班牙的菲利普二世，法国的亨利四世、路易十三、路易十四等群雄屹立，更有沙俄的彼得大帝，普鲁士的弗里德里希二世登上了历史的舞台。此时，各国为了让本国的国力成为欧洲第一，都争先恐后地发展文化。当欧洲的知识分子得知在远东的某一个地方，存在着一个不亚于基督教国家的大文化圈时，欧洲的知识界大为震惊。此外，在中国的礼仪这一问题上，欧洲人迫切感到有必要研究中国的国教及其精神文化，于是令人惊讶的一幕出现了，笛卡尔、帕斯卡、斯宾诺莎、孟德斯鸠、卢梭、狄德罗、莫里哀、拉封丹、莱布尼茨、伏尔泰、马勒伯朗士、费奈隆等都开始著述关于中国的书。虽然很多内容的准确度都有待商榷。其中可以说伏尔泰对中国的热爱最为强烈。据说他在自家的礼拜堂中挂上孔子的画像，“朝夕拜之”，并发表过多篇论文，还创作过以中国为题材的戏曲。这位反基督教的无神论者在拜读过乾隆帝的《盛京赋》后感动得无以复加，挥墨写成一长篇赞词并送往千里之外的北京城。

从刚才列举的名字中可以看出法国人的名字居多，这是因为法国自明君亨利四世以来，路易十三、路易十四都对中国抱有极大的兴趣。当时法国的政治经济发展都不甚顺利，在向亚洲发展这一战略步伐上也落后于别国，他们只能在一旁艳羡地看着英国、西班牙和荷兰取代葡萄牙，不费吹灰之力就能赚个盆满钵盈。但是却可以说只有法国对中国文化有着深深的兴趣并与之交往频繁。值得注意的是，西欧文艺复兴以后思想学界才从漫长的迷蒙中醒来并呈现出一片勃勃生机的景象。随着詹森望远镜的发明（在这之前已有显微镜），天文学与数学相辅相成，急速发展，促进了历法的革新，终于在教皇格列高利十三世在位时（1582，万历十一年）废除了一直沿用的罗马历法，改用新历。

随着新型透视镜的出现，产生了许多新发明，其中对其予以大力支持的太阳王路易十四功不可没。当时的巴黎确实是天下天文学者荟萃的渊薮之地。并且，与侵略野心毫不相关，路易十四单纯是对中国抱有极大兴趣，进行着纯粹的中国研究。在学术界和社交界也有大批中国美术的爱好者，人们开始进行《论语》《中庸》《大学》的拉丁语翻译和朱熹的《通鉴纲目》法文翻译。在巴黎，汇聚着各种关于中国的报告书。

身在北京的南怀仁注意到了这一形势，并写了一封如下的公开信给在巴黎的一名耶稣会士。

> “如今正值战乱之际（三藩之乱），此时若派遣传教士精英队来中国再简单不过。我们若能把握这等良机，正大光明地让传教士渡海而来，与中国各省的狂热教徒分庭抗礼就好比探囊取物。”
>
> “我已经谈过数学的问题，但请我再赘述一

句。派遣到中国的数学研究者也应在理论和实践上精通天文学。”

与此同时，南怀仁怕大家误解传道士仅仅是注重学识，还特别强调中国君主以德治国，应将高洁的人格、满怀传教热情作为大前提。事实上，与其说自耶稣教会来到中国一百五十余年，并没有引起任何骚乱（即便发生了中国人迫害耶稣会士的骚动），倒不如说很多传教士都抱着将生死置之度外的决心，他们认为即使被杀，只要能在中国普及基督教，只要基督教精神能存留在中国人心中，自己也就无怨无悔了。只有不了解宗教的人才会怀疑真正基督教徒的这份高尚节操。当然抱有这种觉悟的也不仅仅是基督教徒。正如在日本也有日持上人这样的高僧大德，他从库页岛到元大都（北京）传教，融入到蒙古中传教了四十年，最后在新疆溘然长逝。当我想到这些，就不觉得基督教徒的这份决心是多么不可思议了。

## 三

无论如何，经由耶稣教会的学僧从中斡旋，中国文化与西方文化相互交融。其中也有毫无政治野心的法国学僧受到热烈欢迎，甚至得到了皇帝御赐的皇宫宅邸。

> “法国传教士都应来到我朝。精通数学者应随侍在朕两侧。其他传教士可随意派往各地。”

康熙下达的命令让传教士感到自己的苦心终于有了回报，到康熙十二年、十三年时，天主教徒已达数十万人。

> “朕常立小旗占风。并令直隶各省凡起风下雨之时一一奏报。见有京师于是日内起西北风，而山东于是日内起东南风者。古人云隔里不同风，此言最确。又尝考验雷声，不出百里之外。《易》云震惊百里，若霹雳，则不过七八里也。至于炮声，竟可闻于二三百里。从前芦沟桥演炮，天津皆闻之，此其验也。”

四十岁时，康熙患了疟疾。张诚、徐日升两位传教士受命在宫中当值。两人正好拿着当时路易十四免费分放给穷人的药，于是把药呈献给皇帝，皇帝喝完药后一天就好了，但却因为皇帝平时不注重养生再次发高烧，皇宫上上下下忧心忡忡。许多僧侣和会中医的阴阳师让皇帝服药，给皇帝治疗，却毫无效果。正在这时，张诚从丰塔内传教士那里得到了金鸡纳皮，并进献给皇帝，皇帝的高烧很快退了，不久便痊愈了。皇帝召集高官大臣说道：多亏了张诚和徐日升朕才捡回了一条命。此后，皇帝对他们更加优待，赐给他们壮观的宅邸，并为他们打造了东亚第一美轮美奂的教堂。

可能以此为契机，继数学之后，康熙又开始研究西洋医学，并致力于弄清楚国人自以为豪的中医的不足之处，将不如西医的地方加以改良。皇帝在宫中设立实验室，开始学习生理、化学、药学和解剖学的基础知识，研究各种疾病的物理原因，甚至亲自做了糖浆和精油。白晋、张诚两人既是欧洲著名的医学家也是法国科学院的会员。巴多明（Dominicas Parrenin）曾出任该科学院讲师。

中医自古就有血液循环之说，却不知道其循环的路径，在皇室中典藏的人体像上刻画的血管和血脉的位置也都是乱七八糟、毫无依据可言的。康熙承认解剖的必要性，并对巴多明说：解剖罪人的尸体可以带来很多好处。并且，正如同您所说的一样，解剖应该在不显眼的地方进行，在内科医生、外科医生的面前演示。罪人活着的时候危害社会，那么死了至少也应该为社会做点贡献。

但是当巴多明讲到在欧洲，父亲可以解剖孩子的尸体，反之亦然的时候，康熙却一脸厌烦，并斥责了这种行为。他认为，中国社会注重骨肉亲情，“身体发肤受之父母”，至少不会出现像欧洲的这种情况。巴多明所著的解剖书，时隔五年才译成满汉两文。康熙却说，这本书不同寻常，并不能与一般书籍等同视之，这本书决不能在没有知识的民众中传播。他将这本译作锁在皇宫，禁止其出版。

康熙二十二年（1682年），康熙渐渐平息国内长期的纷乱，带着他所赏识的南怀仁，组成了一支七万人的大部队，一边打猎一边进行满洲视察。南怀仁所著的《满洲旅行记》中记载：“我受帝命加入这支队伍，一是因为我有科学仪器可以进行观察，需要记录大气和土地的各种现象，记录纬度和磁针的差异，有时还需要记录山的海拔，等等。皇帝有时会就天象气候提出疑问，我常随侍左右进行回答。”

皇帝经常会表达自己对西洋科学文明的极大兴趣。曾有一名耶稣会士绘制了从北京到近郊的地图，皇帝看后，对其精准度大为赞叹。中国的地图从来没有标注过经纬度，因此错误的记载比比皆是。康熙任命南怀仁在北京建造天文台。当时虽然已经做好了一张测量图，并且用红点标注穿过北京的子午线，但皇帝已经视察过中国各省，对各省风光非常了解，他还是想纵观了解自己统治下的国家的地理情况。因此，皇帝就将绘制中国各省地图，乃至鞑靼（蒙古）地图的重任交给了当朝知识高深的僧人，并给各省长官发放通关文牒，命令他们为各地测量者能够最大限度地绘制出详实的地图大开方便之门。最先绘制完毕的是万里长城附近的地图，该图明确地绘制出各个丘陵、溪谷和要塞。皇帝对此龙颜大悦，倍受鼓舞，更加确信能绘制出一幅完整的中国地图，并决定为实现这一伟大事业，无论花多少经费都在所不惜。最初只有白晋、雷孝思、杜德美等法国人进行绘制，而后却有澳大利亚耶稣会士费隐，葡萄牙人麦大成，法国人山遥瞻、冯兼正、德玛诺、汤尚贤等人加入了测量的大部队，在1715年（康熙五十四年）完成湖北省测量工作之时，绘制工作已历时八年。在此期间，也完成了对蒙古、西藏这一远东大地图的绘制工作，其中甚至还包括对满洲、朝鲜、日本的绘制工作。至1718年（康熙五十四年）才完成了这幅《皇舆全览图》。彼时，距着手绘制地图开始已经度过了悠悠三十年的漫长岁月。就这样，人们终于能够一览康熙统治下的庞大帝国，对此西洋学僧功不可没，受到了皇帝的嘉奖。与此同时，这份地图经由中国国学泰斗迪·阿尔德之手呈献给法国路易十四御览。法国人乃至全欧洲人对中国这个“世界大国”的地理状况才有了科学的认识，这份绘测事业功不可没。

## 四

在西方传教士眼中，康熙一方面手握平定战乱的统帅权，肃清全部内政，另一方面在研究和振兴东西方学术方面废寝忘食，因此西方传教士并不在乎自己受到什么待遇，不得不对康熙皇帝表示赞叹。康熙身处麻烦的礼部和西教东渐的大形势的夹缝中，在确认传教士的布教活动没有危害的前提下才大方地默许他们布教。但表面上对他们总是很宽容，特别是对于学识深厚者十分尊敬并给予优待，因此他们认为康熙"基本上是一个理想的皇帝"。

"这位令人惊讶的皇帝是全世界最完美的一位，除去他不是基督徒外没有什么缺点。"（白晋）

"中国国民对康熙像偶像一样崇拜，对他心悦诚服。皇帝对国民实行专制政治，但是唯以国法行使统治权。授予官位官职时只尊重官员的诚意和能力，决不偏离公正与正义。因为对于臣民抱有仁爱的感情，所以当社会上发生灾害的时候就禁止一切娱乐活动，当受灾地区的年赋税达到三四百万两的时候就会让这个地方全部延期交税，而且会开仓放粮，让大多数灾民的要求能够得到满足，康熙曾多次目睹灾民的惨状并深感同情。”

实际上把康熙称为东方的路易十四的只有法国人，其他国家的人根本不同意这样的看法，他们觉得路易十四等人和康熙没有可比性。路易十四死后绝不会再有人对他感恩戴德。“康熙皇帝不仅作为热心学术，又作为外来文明的研究者的英名享誉欧洲。”“这位皇帝精神上的美远远超过他身体上的美。这位皇帝具备的世界上最好的品质是与生俱来的。他才思敏捷，记忆力出众，拥有令人吃惊的广博才能，他有制定、指挥、实现各种宏伟规划的坚强意志。他的兴趣高尚不俗，与他帝王的身份相当适合。他为人公正有正义感，对臣民充满慈爱，倡导德行。他具有服从真理良心的性格以及绝对抑制情欲的克己之心。诸如此类高贵品格，不胜枚举。此外，在日理万机的君主中，能如此爱好艺术并勤奋学习各类科学的也不能不令人惊讶。”（白晋著《中国皇帝历史画像》）

但是受到所有人赞美的人是不存在的。有人急于利用康熙，有人小瞧了这个中国皇帝，有人不肯入乡随俗，有人为了自己的体面而贯彻基督教……康熙对这些人冷淡而不造作，也绝不看这些人的脸色，自然赢得不了这些人的好感。当然，作为研究者的康熙也读过天主教教理的汉译本，并与近侍的学僧就这个外国宗教进行过探讨，承认东西两教在自然这个根本法之下相互融合。其结果就是，康熙对教理大都感同身受，允许其传教，最终基督教在中国非常普及。但是康熙本人却完全没有想要成为信教者的意思。“又如西洋教宗天主，亦属不经，因其人通晓历数，故国家用之。尔等不可不知也。”

法国一位传教士曾总结康熙帝不改信基督教的原因如下：“康熙帝耽溺快乐，并且如果身为皇帝的他改信基督教的话，可能会产生全国性范围的革命。我们相信，这两个理由是难以避免的，也是阻碍康熙信教的两大障碍。”

他们认为康熙利用了耶稣会士，他所谓的给予耶稣会士极高的礼遇也不过是因为他认为耶稣会士对中国忠诚并且做过贡献，他是一个“唯物主义者”。该传教士贬低康熙说，所谓的对科学的热切研究不过是一个出于兴趣爱好的知识性游戏罢了。

上述“康熙耽溺快乐”这一说法与他人所见有所出入，这一说法主要是源于中国实行一夫多妻制，而且康熙本人有四位皇后外加后宫女眷。据说，与康熙预想相左，基督教（特别是旧教）没有在中国迎来鼎盛期的一个重大原因就在于一夫多妻制。因此只有想多娶老婆但却娶不到的贫民才成为了信者。

“当传教士绘测世界地图时，康熙帝大力主张将中国画在世界的中心。可以说，康熙帝是所有亚细亚君主中最傲慢不逊的皇帝。康熙帝热爱美术，喜欢赏玩欧洲工艺品。每当他收获欧洲产的新美术品时，就立即任命工匠对其进行仿造。并展现给传教士看，询问他们欧洲是否也能做出如此巧夺天工的艺术品。也就是说，这位皇帝是不允许别国人民能有比中国人更加巧夺天工的技艺的。”（George Anson）

“现任皇帝（康熙）的父皇（顺治帝）为人贤能。性情始终如一，上天也赐予了他别人无法企及的成功和财富。——如今的皇帝虽然是顺治帝的儿子，别说始终如一了，早上说过的话晚上就可能反悔。不管发生什么，都对高丽国实行放任自由的政策，康熙作为皇帝并没有得到其他官员和百姓的爱戴。除此之外，康熙还极度贫穷，甚至偶尔不发部队军饷。在他统治下的汉人还不如南方各县的人民活得逍遥自在。目前半个国家都处于动乱之中，只有上帝才知道要如何收拾这个烂摊子。满洲人害怕再次被汉人驱逐出境。因此为了不产生动乱，就将汉人从紫禁城驱逐出去。现在满洲人所担忧的仅仅是长城外的蒙古人。但是卡尔梅克族也是隐患之一，他们认为满洲人和自己一样都是小民族，却能成为如此庞大帝国的主人，为此，他们嫉妒不已。等等。”（N.G.Spathary）

第三次来到中国的沙俄使节格里戈里也被清朝政府玩弄于股掌之中，关于通商的交涉没收获什么成果便回国了。他当然对康熙没有什么好印象，也总是嚼康熙的舌根。然而最让人惊诧的是一直看似忠心耿耿的南怀仁对俄罗斯使节格里戈里所说的一番针对康熙的尖锐言论。若说起南怀仁，他不仅受到了康熙的青眼相待，一生更是如影随形般地常侍在康熙两侧。南怀仁说：“康熙这个人，对荣誉和名声的追求贪婪无厌。他长期千辛万苦地学习汉人的知识，也只是因为全中国能做到这一点的人实属凤毛麟角罢了。他知道汉人不管在什么事情上都尊重有学识的人，他也知道汉人尊重有学识的帝王。所以他现在对军事没有兴趣，只一心扑在学习上。我敢肯定地说，侍奉皇帝的人都拼命维护康熙的名誉，虽然有时明知道这样做会损害本国利益，但不管怎样，他们（汉人）也不肯改变本国的旧习。也就是说，这是一个野蛮的民族，虽然他们的风俗习惯不知起源于何时，但是他们也不愿意加以改变。”（卫藤利夫著《韃靼》，节选自《康熙与南怀仁》一节）

总之，正如英国的巴卡乌斯和布兰登所说，这些褒贬不一的言论，“是三句不离神学的人所言，因此难免有失公允”。我们应站在不同的角度，洞悉事实真相，对上述言论加以讨论。毋庸置疑，这些言论中很多都是荒唐之至的。但是无论如何，所有历史学家都承认是康熙将全新的西欧文化导入中国，他是中国文艺复兴的领路人，其卓越功勋不可磨灭。

通过有关康熙和西欧科学文化的关系的这些言论来看，肯定也有人武断地认为康熙如此好学，作为一国的统治者是不是过于重文轻武了呢。康熙的确生来精力超绝，天资聪颖，但这个言论是不了解中国国情，或者说不了解满汉关系的人所得出的谬论。康熙确实不是军国主义者。正因为如此，南怀仁说的“康熙对军事没有兴趣”也不是毫无根据的。但仅凭这些，就能说康熙对军事毫不在意，没有军事头脑，甚至是性格懦弱吗？

## 五

康熙曾说大清从满洲关外地区入主中原，掌握了统治权，是借由汉人的智慧和力量并对其加以利用实现的。同时每当中国北方发生内乱的时候，去关外避难的汉人之中也有具有相当学识的优秀人物，他们也希望有机会能够回归故土。对这些人而言，塞外民族的勃兴和入主中原对于他们自己能够回归故土来说是个好消息。因为本书不是历史书，因此对于史实不做过多涉及，简单来说就是，为了反抗满清，身为明朝王族的三个人（“三王”）在南方崛起了。从荷兰人手里夺回被占领的台湾，以此为据点经过父子两代人二十年间的努力的国姓爷郑成功的父亲郑芝龙就是叛臣“三王”之一的唐王。第二个是来日本再三请求援兵兴汉讨满，最后客死日本的朱舜水，还有一个也是明朝宗室后裔鲁王的臣子。郑成功庆安元年来日本请求援助的时候，德川幕府的讨论中也有人主张出兵，讨论的结果是出兵不成功的话不仅有辱国家，而且又与外国结仇。出兵的话倒是能取得一些土地，但是从大局看也会埋下祸根，因此不同意出兵。这也与不干涉大陆的主张相一致。

另外在依次征讨明末“三王”的时候，成为征讨军首领的是云南的吴三桂、广东的尚可喜父子和福建的耿精忠，他们成为了被他们征讨地方的控制者。这股势力不容小觑，几乎成了三个独立王国。这其中以吴三桂的功劳最大，势力也最大。这就是所谓的“三藩”。

正如皇太极所忧虑的一样，当这些汉臣势力过大之时就是清朝忧患之际。正因为如此，顺治才为了讨好吴三桂，把自己的干姐姐嫁给了吴三桂之子，并加封吴三桂为开国和硕亲王。因为若不是吴三桂，闯王李自成也不会那么快被剿灭，山海关的大门也就不会对清军敞开，因此对清朝来说吴三桂是一个特殊的人物。但是既然手握十万重兵，吴三桂也就不可能仅仅满足于云南王一职。其他二藩也都拥兵自重，横征暴敛，搜刮钱财，并打出补给军资的旗号强行要求中央拨款。“三藩”一年向中央攫取的军费达一千万两白银，皇太极也带着对这种局势的忡忡忧心撒手人寰。至顺治时期，“三藩”认为中央势力微弱，心存藐视，经常出言不逊。至康熙登基之时，北京政府对云南的态度可以说得上是小心翼翼，如履薄冰，因而有“天下财赋，半耗于三藩”一说。

但是该发生的事情最终还是发生了。康熙十二年，广东的尚可喜与其子尚之信不和，便上书康熙说为了保卫自己的家，他决心隐居辽东。时年二十岁的康熙已经对中国历史上的藩镇有过研究，看穿了封建军阀的跋扈和藩镇对内外的利害关系。他也察觉到尚氏父子的不和是一个千载难逢的机遇，便准许尚可喜隐居辽东，但同时要求他必须交出广东的支配权。

得知此事的吴三桂和耿精忠一方面感到非常意外，另一方面也感到了稍许不安。为了试探中央的口风，他们二人也提出了想要移藩的想法，无非是想看看畏惧他们势力的中央政府会如何处理这件事罢了。但是康熙并不是吴、耿二人所认为的刚愎自用之君。当二人认为收到答复可能还会有一阵子的时候，康熙却立即答复说准许二人隐居辽东。朝中也有大臣持反对意见，认为康熙这个大胆之举实则是有勇无谋。但康熙早已下定决心：反正“三藩”谋反之乱早晚都会发生，无论削藩与否，他们总有一天会谋反的。康熙意在先发制人，因此一场关于清朝兴亡的豪赌拉开了硝烟弥漫的战幕。为统帅者，头脑与精神都要超乎常人。两军在队形上也有极大的差别。战争刚刚开始，康熙就以其聪明才智逐一识破敌人的诡计，并予以各个击破，并且在大本营与前线间的联络、通信、出兵的顺序上井然有序，一丝不乱。与此相反，敌方队形却四分五裂，屡屡因为优柔寡断而错失战机。虽然吴三桂麾下有二十万兵马，但战败的味道却越来越浓。特别是此时的吴三桂已然是七十六岁的老翁，不久便病死。战争很快得以分出输赢。

但是这场“三藩之乱”却一直打了八年，直到康熙二十年才结束。究其原因，是因为清朝所倚仗的八旗子弟兵与皇太极时相比已没有了当初的英勇锐气，而被汉人同化成了纨绔子弟。康熙本人对训练八旗子弟投入了大量的心血，正如康熙晚年所说：“吾二十年之久始得获一满洲士卒之用，何可不厚恤也？”看到八旗子弟堕落得如此不像话，康熙难免感到失望、厌烦和生气，但也不能这样放任不管，于是康熙想到了一条策略——满汉一体，也就是说从以汉制汉的方针转向培养以汉人为主的绿营兵。康熙将一篇支持汉人怀柔政策的谕旨昭告天下，其中说道：“自古汉人逆乱，亦惟以汉兵剿平，彼时岂有满兵助战哉？”这篇煽动性文章不仅巧妙地遮掩了军队的弱点，还激发了汉人将士的积极性。因此在平定三藩之乱后，康熙废除藩军让他们回到北京，在全国各主要地区布置了绿营兵的驻防八旗，并派遣满洲八旗军对其加以监视，还设置将军、都统加以管辖。

康熙在文武两方面都采取满汉一体的策略，这是因为以武力进入山海关的清军对汉人的语言文字不甚熟悉，因此只能让汉人进行文治。虽说这样比较妥善，但是也不可能什么事都交给汉人来做，否则清朝将国基不稳，汉人也有可能再次重蹈文治弊病的覆辙。因此采用满汉一体制度，就是为了让满汉双方取长补短，互相牵制，相辅相成，而且也不必担心一方权势发展得过于强大。虽然这个政策非常公平，但有利必有弊，若是暗中发生了利益冲突，那么消极主义者就会袖手旁观。当然这对于清朝来说是不得已而为之的上上之策，特别是有康熙、雍正这样出类拔萃的明君加以主导，政策产生了很好的效果。清朝不仅在政治机关的体制上，甚至军队编成上也实行了满汉一体这一制度。满洲八旗子弟共二十二万余人，其中一半人都驻守在北京城，被称为禁旅八旗。驻扎在边境地区的军队以六十万人的绿营军为主力，被称为驻防八旗。

说到满汉一体政策，不得不提的就是满洲的封禁政策。封禁，故名思义，就是满洲之外的人不得进入满洲的意思。当时清朝在与朝鲜、西伯利亚的边境处设置栅栏，按规定严禁外部人进入山海关内，没有进关证的人一律不得入内。之所以这么做，是因为满洲人想把满洲这个清朝祖先的发祥地永远作为纯种满族人自己的大本营，万一有什么情况，也可以以这片先祖的土地为根据地，抵御外敌（尤其是汉人）入侵。再者，还可以保存满族的遗风，同时还可以防止汉人和朝鲜人来此偷采辽东的天然产物人参。深入来讲，满人对汉人强大的生存能力心有余悸，汉人以农业为本位，无论住在哪里，都会拿起铁锹进行耕垦，保障生活的基本需要，这就是汉人的优点。因此汉人不仅忍耐力强，而且他们的生活之基十分稳固，若有的民族雇佣汉人做佃户，自己却如寄生虫一般坐享其成的话，经年累月这个民族的经济便会衰竭。与真正的游牧民族蒙古人不同，满洲人是半耕半牧的民族，且人口稀少，若不加以限制，让汉人蜂拥而至的话，满洲的土地很有可能也会被汉人大量开垦。为此，有必要让满洲这片神圣的土地保持原来的风貌，万一国家有突发状况也好进行应对。

满洲人固有的尚武精神——如同前面所述，随着满洲人迁移到内地，正如同努尔哈赤和皇太极所担心的一样，八旗子弟中甚至出现了被汉人的绿营兵一吓唬就仓皇出逃的胆小鬼，好比日本的德川政府那些腐败的八万旗本一样，满洲的尚武精神渐渐消失不见了。虽说汉人本来就有很强的同化能力，但与其归罪于汉人的同化能力，不如说这是由一种“京城风气”所造成的。从荒山野岭中成长起来的人一旦见识了城市中的如云美女，锦衣玉食，便会不知天高地厚，沉湎其中，以致越来越软弱，毫无气节可言。不管统治者如何告诫世人不要染上这种不良风气，都抵不过自然的趋势。与其说中土文化太有感染力，不如说塞外地区太没有文化，以致二者生活方式大不相同。当然，地理条件也是阻挡塞外文化发展的一个重要因素。

这种自然趋势的形成自然也不是一朝建成的，这是中国三千年历史发展的结果。因此只好暂时将满洲圈划为封禁之地，尽量不让大家知晓汉文化的魅力所在，以保存满洲人的遗风。为此，清朝政府甚至不允许在满洲建立孔庙和学堂。结果，这么做也仅仅是阻止了汉人势力的入侵。康熙、雍正以后，从乾隆末年到之后的嘉庆、道光年间，却出现了一个意想不到的强敌——位于中国背部的猛虎——沙俄，自此满洲的形势发生了天翻地覆的变化。

在三藩叛乱之际，有一则关于康熙的轶事。

《庭训格言》是康熙晚年的回忆录和随想录。略加翻阅就会发现里面有很多自吹自擂之处。有很多记述自己战功的故事是为了用于政治宣传或是教育他人。从日本的道德观念来看这确实不是什么值得称赞的事情。在日本道德观念里，人们应该拼命隐藏或否定自己的价值和功绩，才会被视为谦虚之人，最终被人们交口称赞。但很明显，康熙是更加率性之人。他在书中说道："今天下承平，朕犹时刻不倦勤修政事。前三孽作乱时，因朕主见专诚，以致成功。惟大兵永兴被困之际，至信息不通，朕心忧之，现于词色。一日，议政王大臣入内议军旅事，奏毕佥出，有都统毕立克图独留，向朕云：'臣观陛下近日天颜稍有忧色。上试思之，我朝满洲兵将若五百人合队，谁能抵敌？不日永兴之师捷音必至。陛下独不观太祖、太宗乎？为军旅之事，臣未见眉颦一次。皇上若如此，则懦怯不及祖宗矣。何必以此为忧也？’朕甚是之。不日，永兴捷音果至。所以，朕从不敢轻量人，谓其无知。凡人各有识见。常与诸大臣言，但有所知、所见，即以奏闻，言合乎理，朕即嘉纳。都统毕立克图汉仗好，且极其诚实人也。”

这可能是康熙追忆十七八岁时的自己的一段话。康熙将毕立克图的教训给自己带来的影响写在序言里，这也不失为一种乐趣。

> “曩者三孽作乱，朕料理军务，日昃不遑，持心坚定，而外则示以暇豫，每日出游景山骑射。彼时，满洲兵俱已出征，余者尽系老弱。遂有不法之人投帖于景山路旁，云：‘今三孽及察哈尔叛乱，诸路征讨，当此危殆之时，何心每日出游景山？’如此造言生事，朕置若罔闻。不久，三孽及察哈尔俱已剿灭。当时，朕若稍有疑惧之意，则人心摇动，或致意外，未可知也。此皆上天垂佑，祖宗神明加护，令朕能坚心筹画，成此大功，国已至甚危而获复安也。自古帝王如朕自幼阅历艰难者甚少。今海内承平，迴思前者，数年之间如何阅历，转觉悚然可惧矣！古人云：

‘居安思危。’正此之谓也。”

总之，在这场决定国家兴亡的大动乱之中，康熙能够站在风口浪尖处，在运筹帷幄之际还能游刃有余地学习，致力于西洋科学文化的振兴，孜孜不倦，废寝忘食。当我的脑海中倒映出这样的康熙时，特别是想到这些全部是他在十七八岁到二十六七岁完成的时候，我不得不对康熙的异于常人的充沛精力、高深莫测的从容自得和出类拔萃的禀赋天资而惊叹不已。

# 第四章　对俄外交谈判的成功

## 一

平定“三藩之乱”和收复台湾后，清王朝的统治已经完全得到巩固。

原属荷兰殖民地的台湾真正回归中国版图始于康熙二十二年。在征讨台湾时康熙帝采取了非常有意思的措施，就是他特意起用叛将郑成功的幕僚、后来投降清朝的施琅为征台大将军。施琅经常这样阐述意见：“盖天下东南之形势，在海而不在陆。陆地之为患也有形，易于消弭；海外之藏奸也莫测，当思杜渐。”正因如此，康熙把施琅视为是有独到见解的大臣。在征讨台湾中功勋卓著的人，除了施琅之外，还有像康熙的辅弼名臣李光地（原文误写成“李光知”——译者注）和姚启圣这样的人物。康熙帝敢于力排众议起用敌军部下出身的施琅做征台大将军，并且对施琅说：“汝之不叛，朕力保之，卒遣之。”以表明相信其忠诚性。

这也是征台胜利的一大原因。因此这也被康熙帝作为“用人不疑之效”的例子引以为豪。

台湾问题不是值得一提的大事，清政府在征服中国大陆本土工作告一段落后稍作休整，1682年（康熙二十一年），以南怀仁为扈从，康熙帝携皇后、皇太子巡游奉天和吉林，拜谒皇祖陵寝，向祖宗报告平定危及江山社稷的事变（即“三藩之乱”——译者注）。名义上是向先祖表明感激之意，实际上这是希望借久违的狩猎活动来散心解闷。但是这次活动的中心任务是在东北进行实地测量、划定国境线以及实际调查俄罗斯蓄谋已久的东进形势，从而制定应对之策。处理完内忧之后便是处理外患。外患问题从处于最远蒙古后边的俄国开始处理。这是为了先拉拢蒙古。对外蒙、新疆和西藏等各民族，或者收服或者征讨，使之成为清王朝的外藩，从而成为奠定清朝统治的最大基础，即“守卫在于四狄”，这也是康熙帝的腹案。为了实现这样的腹案，只靠人少式微的满族当然是不行的，单纯依靠汉人的力量也是做不到的，还必须使用从西洋输入的新知识、新武器等等。首先，在与俄罗斯谈判时，作为翻译的外国人是必不可少的。虽然康熙帝起用了很多西方传教士做翻译，但是不管怎么说，他外交顾问的第一人选还是一直陪伴左右的南怀仁。

奉天图书馆馆长卫藤利夫的著作《鞑靼》中记录了如下

一段话：

> “前些年意外驾崩的国王阿贝尔陛下曾经这样说起南怀仁的事情，称他是‘17世纪在中国的最伟大的传教士’。之所以这样说，也许是因为作为深爱祖国的皇帝，他以南怀仁这样的人物出生在自己的国家而感到骄傲吧。南怀仁，1623年出生于布鲁塞尔的耶稣会，1656年从意大利的热那亚出发前往中国。他在地中海上遭到法国海盗船的袭击，仓皇出逃。再次出航时，仅仅三百吨的船需要远远地从好望角迂回。到中国澳门登陆之前，同行的十七人中已有七名传教士病死，此中艰险辛劳非同一般。幸存下来的人中就有日后将中国“四书”翻译成拉丁文的殷铎泽（Intorcetta）等人。”

平定“三藩之乱”时南怀仁制造的大炮发挥了巨大作用，据说，不知为什么其中的一个样品现在安放在福冈县箱崎的神社里。总之，作为一名学者，南怀仁制造出了非常了不起的东西，其贡献影响的范围确实很广。尤其有意思的是他希望除了海上路线之外，还应该建立一条经过西伯利亚的陆上交通线，并以此事为毕生夙愿。我们可以称他是具有先见之明的建设西伯利亚铁路的提案者（卫藤氏的说法）。真正促使他有这种想法的是康熙十五年（日本元禄年间）来到北京的俄国使节尼古拉·斯帕法里。

调查中国的国情和国势，换言之就是做间谍，以此寻求将来中俄邦交与通商贸易，视察经由西伯利亚前往满洲和内地的道路以及地方的情况，斯帕法里带着这样的任务来到北京。在拜见康熙帝时的情景富有戏剧性。自古以来中国的朝廷就有一套专门对待番邦之人——即所有外国人的礼仪，这种礼仪的繁琐程度看起来有些愚蠢。也就是说不允许外国人直接和皇帝见面，他们需要在远离皇帝一百步之外的地方额头着地磕三个响头。这其实是将所有外国人视为朝贡者加以藐视的妄自尊大的惯例。作为大国使节和基督教徒，斯帕法里因为要模仿出来那种奴隶般的礼仪而感到愤慨。这种如同拷问一般的滑稽情景，在明朝神宗万历年间和后来的乾隆年间都出现过。这时从中斡旋的南怀仁在一旁用拉丁语说道：“虽然皇帝只有二十三岁，但是心地善良，通情达理，他本想与贵方直接交谈，无奈身边大臣冥顽不灵缺乏常识。”因为南怀仁以此巧妙周旋，后来斯帕法里也改变了最初的态度。

但是，难道康熙帝果真是被这些“冥顽不灵，不通情理的大臣们”的话所束缚，唯唯诺诺，不能向俄国使节表达好意，宛如傀儡一般吗？假如真是这样，那么事情的结果将会是“由于康熙皇帝屈服于中国宫廷固有的愚蠢之极的习惯，以寻求通商为目的来到中国的斯帕法里，最终没有得到任何有意义的答复，什么目的也没有实现便垂头丧气地回国了”吧。事实证明，就像现有的记述所体现的那样，为了国家的利益需要作出决断时，即使是万人反对，康熙也会力排众议，坚决实行。在某些场合、某些时间，皇帝为了迎合众人，像呆呆的、不会讲话的机器人那样坐在宝座上，而康熙的做法却非比寻常，这一点非常有意思。

实际上，康熙已经看穿俄国使节的心思，但是觉得现在的时机不对，心想以后一定对这个家伙还以颜色。康熙之所以这么在意这件事，是有其理由的。

## 二

西班牙、荷兰和英国等欧洲国家在亚洲南部获取殖民地，通过贩卖香料和进行其他贸易获得巨额利润。与此同时，俄国通过西伯利亚将手伸向东方。

说起来最初俄国对西伯利亚的侵略并不是在国家计划之下有序进行的，而是个人探险开拓，日积月累的结果；并不是以掠夺土地为目的，而是为了收集貂和狐狸的毛皮，从而在欧洲卖出好价钱。这种个人进行的获利颇多的冒险活动是从何时开始的，已经不是很清楚了。总之，俄国向东方进军始于16世纪中期以后。因为哥萨克首领叶尔马克的势力过于强大，莫斯科政府征讨叶尔马克并向东追逐，这成为俄国人东进的契机。被俄国人追赶的哥萨克人东进犹如进入无人之境，沿路开采森林，开拓土地，俄国人逐步获取殖民地，并最终到达了黑龙江流域。在这里，俄国人第一次发现了与以往遇到的未开化的游牧渔民相比远为强大的的国家——大清国。

与进军闭塞的中亚、波斯和印度相比，当时向东发展的障碍少得多，因此非常容易。从明朝末年开始，俄国人开始对其侵占的地方，如鄂伦春、达斡尔、索伦等地的土著居民进行蹂躏和掠夺。清朝前期的顺治年间，满族的守卫部队和以哥萨克为前锋部队的俄国军队（现在以哈巴罗夫斯克命名就是因为当初是由哈巴罗夫率领的军队占领的地方）数次爆发冲突，期间总是清朝胜利。然而到了康熙初年的1665年，为所欲为的俄国军队大举进犯黑龙江流域，并在雅克萨建筑城墙，曾经被清军收复的尼布楚城也被他们夺占，其粗暴行径越发严重。

当时，外蒙古各部族站在俄军和清军之间持观望态度，没有加入任何一方作战。虽然现在看起来蒙古人非常衰微，但是当时作为成吉思汗后人的他们依然骁勇善战，并且策略非常狡猾。从这一点来说，明朝政府也是感到非常棘手，所以一直讨好他们。还有像索伦部族首领根特木儿这样强有力的领导人。此人刚开始接受了康熙帝的册封，后来里通俄国反叛清朝，成为在尼布楚城中接受保护的俄国的累赘。

康熙帝要求盘踞在雅克萨、尼布楚两城中的俄国人撤离，还要求将根特木儿遣送回国。不管怎么说这是在关系国家存亡的内乱（指“三藩之乱”——译者注）时发生的事，所以康熙帝没有说过于强硬的话。另一方面俄国国内局势也非常混乱，所以暂时向清朝派遣使节米洛瓦诺夫提出只涉及贸易的申请。随后来到中国的就是斯帕法里。

关于康熙帝、斯帕法里和南怀仁之间的三角关系有着种种有趣的传说。不知道为什么南怀仁和俄国人相互勾结，使用了最高级别的词汇赞赏沙皇，表示极力希望服务于沙皇政府，并告诉了斯帕法里许多中国政府内部的秘密。

斯帕法里问：“满族人对于我沙皇俄国接近中国并不感到恐惧吧？”

南怀仁答：“总的来说，恐惧是肯定的。但是不管怎么说莫斯科很远，看起来运送大军是很困难的。况且接近中国边境的俄军只是一小部分。”

斯帕法里问：“为什么清朝政府这么不遗余力地想要将

根特木儿遣送回国呢？这对清政府有什么利益呢？”

南怀仁答：“俄国方面只是被抓住了不了解实情的弱点，因为开战是绝好的借口。清朝军队企图破坏雅克萨和尼布楚附近一带。既然清军在黑龙江流域曾经三次击败俄军，同样这次也拥有稳操胜券的信心。”

除了这次密谈，南怀仁还送给斯帕法里一封信。“眼下国内处于战乱之中，而满族人向其敌人汉人展示出一种不畏惧沙皇政府的勇气和信心”（卫藤氏著《鞑靼》），诸如此类，泄露了很多关于清政府的内幕。

虽然康熙皇帝被这样的家臣出卖和背叛，但是恰在此时俄国亚历山大沙皇驾崩。因为还有尚未整备完毕的内政事务，南怀仁难得的忠告和服务沙皇王朝的愿望也随之泡汤。对于清朝来说这是出乎意料的大幸。

到底是为什么，像南怀仁这样的人会做出这样不忠诚的无耻行为呢？我百思不得其解。当然，因为他是外国人，所以虽说对方是中国的皇帝，他也不可能将其作为特别人来对待。冷静地将康熙帝看作普通的自然人来批判和观察是理所当然的。但是南怀仁是一个传教士，一个饱尝修行之苦、万里迢迢来到异教徒的国家进行传教的学僧。如果说康熙帝不仅禁止他传教、还虐待他的话就另当别论，但是事实完全相反。读南怀仁的著作《满洲旅行记》，看到其中记载康熙帝一口一个“南老爷、南老爷”地叫他，就可以清楚地看到康熙皇帝有多么重视他了。特别是康熙帝当年只有二十九岁，正是年少气盛的时期。“毙虎六十余头”“半天内捕获三百余只飞禽走兽”这样惊人纪录的大狩猎，对于长途跋涉山野、已经六十岁的“老爷”来说是非常有意思的隆重大典。而“老爷”也说，“在狭窄的地方，经过小道的时候，皇帝发出很多信号对我表示善意和好感”，或者说在过河的时候，因水位升高而不能渡河时，二人一起在寒天之中彻夜长谈的时候，康熙帝会亲自驾着小船返回，大声呼喊“南怀仁在哪儿”。从皇帝找寻他时担心的样子，以及只有他才能夜宿皇帝帐篷之中就可以看出皇帝对他的关心。尽管如此，南怀仁却向俄国人泄露了对于康熙王朝不利的内幕，充当了给侵略中国者献计献策的帮凶角色。

恐怕在南怀仁看来，康熙皇帝算不上伟大的人物。虽然他对基督教传教展现出了包容态度，但是他在思想上自信至极，并没有要实行宗教改革的可能性。改变生活上一夫多妻的习惯，在中国成为基督教徒的不过是那些想要效仿此种传统却力不能及的无知平民阶层的一部分而已。总体来说，虽然自己以传道为目的不远万里来到中国，但只是单纯被刚愎自用的皇帝所利用，通过效犬马之劳，几乎没有利用皇帝实现自己的任何目的。他深深感觉到，仅仅依靠时间的作用是徒劳的，一门心思地效忠于错误的人是毫无意义的，也该适可而止了。还是侍奉与自己同类的白人、同为优秀基督教徒的皇帝更有意义。我想，他也许是这么认为的。

## 三

且说吴三桂等人的叛乱已经宣告结束，清朝渐渐实现完全统一，消除了国内的后顾之忧。但是，俄国进军东方，依然没有停止建筑城池的意向，其先锋已经到达北太平洋沿岸，越发暴露出傲慢的态度以及没有通商的诚意。此时，清朝已经做好了进行决战的准备，首先在齐齐哈尔构筑了第一道防线，并且在其北方的莫尔根，甚至在黑龙江左岸的海兰泡（俄国名称布拉戈维申斯克）和右岸的瑷珲构筑要塞，运送水陆军马一万五千人。利用辽河、松花江、嫩江等一切水利资源搬运粮草，在吉林建立一个大型的造船厂，材料就是上游长白山上的木材。万事俱备，清朝的军力优势是贫弱的俄国军队所不能匹敌的。

此时正值俄国彼得大帝即位不久，彼得大帝由于受制于其姐姐索菲娅公主而没有多少实权。因为战线太远不方便战争，所以俄国极力想与中国讲和。清朝刚刚经历了“三藩之乱”，经济、军事满目疮痍，国力尚未得到恢复，因此也没有长时间与俄国在北方陷入领土纠纷以扩张领土的意愿。康熙帝在康熙二十四年、二十五年两次征讨雅克萨，在此基础上向彼得大帝递交书函，提出要堂堂正正地争论其中的是非曲直。彼得大帝派出使臣以期解决边境问题，提出暂且首先解除围城之困，康熙帝对此表示同意。1689年（康熙二十八年）两国最终缔结了著名的《尼布楚条约》。这时候最棘手的是外蒙古的西边，位居瓦剌四部之一的准噶尔部大汗噶尔丹的势力日趋猖獗，他们侵入外蒙古，阻拦前往尼布楚的清朝使节一行。中俄两国的意见不是轻易能达成一致的，但结果是双方达成妥协，签订了互不侵犯条约。在此省略条约文本，据说实际上是清朝通过荷兰提出和议的。根据《近代俄中关系研究》（南满铁路会社调查报告书第十七卷）记载：

> “清朝方面提出和议是因为担心当时天山北部的部族（即准噶尔部）里通俄国反抗清朝，清朝也觉得与俄国相争不利。同时从俄国方面来看，由于更重视与清朝的通商贸易，所以大体上承认了和议的有利性。”

也就是说，刚开始中俄间的外交谈判，中国并不一定是占了优势。但在划定边界的问题上中国的主张得到了充分的认可，通商贸易也得以在和平条约的规定下进行。从这些来看，俄国还是做出了十分以上的让步。最初双方虽然势均力敌，而实际上最后还是中国略占优势，至少这是中国在与欧洲大国谈判中彻底地坚持自主态度的唯一一次记录。从俄国方面来说，来日方长，还是暂时忍让为好。席卷瑞典、土耳其，让全欧洲如雷贯耳的罗曼诺夫王朝的兴盛之祖彼得大帝，在与康熙帝的博弈之中受到挫折，不再那么傲慢。

这时，清朝派出的五名大臣中首席全权大臣是索额图，俄国方面的全权大臣是戈洛文。此间在一旁翻译、居中调停的传教士徐日升和张诚二人尽了大力。

> “清朝钦差大臣率领一千五百名骑兵，被数十名随行人员簇拥着，沐浴在石勒喀河风之中，奔赴和约签订场所。这一天，清朝使节穿了镶嵌着金丝蟒纹的朝服，璀璨夺目，俄国使节同样也是穿了大礼服，金丝佩剑光怪陆离，前后被二三百名士兵围在中间，骑马的乐团奏响嘹亮的音乐。就这样展开各自条文，签名，盖印，相互约定永不背叛条约之后交换文书并相互拥抱以示友谊。之后共享晚餐握手分别，此时已经是黄昏时分。”

清史专家稻叶君山如上记述了当时的情景。

黑龙江流域终于完全并入了清朝的版图。但是，到19世纪中叶为止，俄国受到英国向东方扩张的刺激寻求国内自强；相反伴随清朝逐步走向衰落，1858年强迫清政府签订的《瑷珲条约》终于实现了其夙愿的一部分。

# 第五章　征讨蒙古和喇嘛教的问题

## 一

中国国内统治也就是内政问题的前提条件，是消除外患，在解决了与最主要对手俄国之间的边界纠纷之后，北部的国防安全得以稳固。至少在一个半世纪内，清朝挫败了俄国侵略东方的野心。康熙帝在对俄外交上的成功在中国外交史上留下了浓墨重彩的一笔，这不仅对于国内的汉人，甚至对于塞北的蒙古人来说也是值得铭记于心的。

但是，《尼布楚条约》签订时康熙帝只有三十六岁，这还不是自我安慰"干得还不错"的年龄。当然康熙帝也没有达到骄傲自满的程度。蒙古草原面积非常广阔，与满洲接壤的是蒙古科尔沁部，大体上位于现在内蒙古地区的察哈尔部，其从清太宗时期就与清朝结成了姻亲关系，现在依然可以说是中国的朝贡国。位于其西北部的是喀尔喀部（相当于现在的外蒙古）。位于外蒙古西边的瓦剌四部，还残留着没有归顺清朝的不稳定部分。虽说在明朝永乐帝时期曾经将蒙古人赶至塞北，但那部分蒙古族只是受到汉族文化和喇嘛文化影响的南方一部的叫法。虽然大体上都叫作蒙古族，但是如果细分的话有三十多种（一说五十多种）细微的差别。虽然都把他们称为成吉思汗的后裔，但是与生活在土耳其的眼睛颜色不同的蒙古人，以及生活在克鲁伦河流域主要从事渔牧业的蒙古人相比，他们不论是在风俗上还是气质上都是不同的。这一点毋庸置疑。

当时的喀尔喀有土谢图、车臣以及扎萨克图三盟（蒙古的行政组织单位是旗，这是清太宗年间按照满制制定的名称。若干旗聚集在一起就称之为部，若干部聚集在一起称为盟）。从明朝开始喇嘛教传入，由于各盟之间内讧不断，势力大为衰退，在相同的喇嘛教势力影响之下，当时支配天山南北、势力如日中天的是瓦剌族准噶尔部的首领噶尔丹。他以礼节不周为由大举进犯外蒙古。遭受侵略的土谢图盟犹豫是向北面的俄国求助还是向南面的清朝求助。最终决定与其向风俗完全不同的基督教国家俄国求助，还不如向同样信奉喇嘛教的清朝求助。于是，数十万蒙古人向清朝投降以示臣服。康熙帝以这是土谢图部自己招致的祸患为由责备其不慎之罪，但是却对清朝兵不血刃进入了喀尔喀部感到高兴。其后在对提倡臣服清朝的人深深施以仁德的同时，还抚慰数十万归顺的臣民，并允许他们到内蒙古地区进行游牧。另一方面告诉噶尔丹，让他将掠夺的土地归还喀尔喀部。自大的噶尔丹是无论如何不可能接受的，反而日益加深对清朝的侵犯，噶尔丹大军甚至到达了距离北京仅有七百里的地方。以至于奉命签订《尼布楚条约》的使臣无法经过这些战乱的地方。

促使喀尔喀蒙古归顺清朝的是萨满教。与此同时，从内部怂恿噶尔丹以武力为后盾扶植自己势力的是西藏达赖喇嘛的心腹，一个名叫桑结的僧人。

当时的喇嘛教（“喇嘛”在藏语里是至高无上的意思）里存在着从元世祖时代开始由盛转衰的红教派（旧教）和以宗喀巴喇嘛教的路德为祖师的黄教派两派之间的相互争斗。黄教派之中有达赖喇嘛和班禅喇嘛的区别，握有实权的法王（蒙古语是大海的意思）实际上就成为了达赖二世、三世……把与红教的门派之争和实现自己的政治野心联系起来，桑结屡次煽动教徒噶尔丹，以图向青海方向扩张版图。由此看来，可以知道喇嘛教是如何进入蒙古族之间，将塞外各民族联系在一起，并使之成为中国边疆屏障的。不管怎么说，不能小视了宗教的力量。康熙之前的清太宗就已经认识到了利用喇嘛教的必要性。喇嘛教很早就有这样的洞察力，为了发展势力而教化新兴的满族，利用满族的势力发展壮大自己的势力，这才是上策。清太宗崇德年间，从遥远的西藏经由蒙古，向满洲的盛京（奉天）赠送了玛哈嘎拉的佛像，太宗为了供奉这尊佛像而建立了实胜寺。如果从西藏到中国北部的满洲，以喇嘛教作为联系的话，宗教就是政治，喇嘛教的法王就是国王，这一点让西藏得到满足；满洲也在政治上获得了巨大成功，整个中国也就安定了。

于是这种愿望最终在喀尔喀得到实现。在喀尔喀中心城市库伦，有西藏拉萨总寺院的分寺，在这里住着被蒙古人称为格根（圣人）的活佛。然而对于格根总寺院的礼节不周只不过是噶尔丹的借口罢了。本来对于噶尔丹来说宗教上的连锁反应并不是问题，特别是他还和远在欧洲的俄国政府勾结，购买武器等，更是给他的狼子野心增强了自信。一旦猖獗的蒙古人侵犯的话，就会将与生俱来的残暴本性暴露无遗。如果寻求谈判和平解决，他们肯定将对方视为软弱并傲慢起来，只是表面上承诺但是暗地里会欺骗对方。那么为了平定漠北的祸乱根源，寻求百年安定，必须断然决定下狠心处理，除此之外别无他法。

## 二

康熙帝征讨噶尔丹是从康熙二十九年，即《尼布楚条约》签订之后第二年开始，一直到康熙三十六年，前后总共大约八年时间。噶尔丹从他的根据地准噶尔部进犯西藏，与腐败的宗教特有政治势力相勾结。当地首领预见到了噶尔丹将来会穷途末路、束手无策，尽量控制与他的勾结，同时将作为思想本源的西藏完全纳入清朝政府的统治之下。西北边疆最终得到安定是在康熙五十九年，此时康熙帝已经六十七岁高龄。也就是说，为了平定边疆，战争前后不停地进行了二十八年。实际上在最终决定这次征讨时，朝议上出现了各种意见，其中也有认为这是无益的出兵，所以持反对意见的人。但是康熙帝根本不是出无用之师的人。只不过洞察事情的真相和其中理由，而且设身处地想一想的话，其中富含着取得最佳效果的决断力。

“如战争般一劳永逸的考虑，这并不是否定原本就存在的自信和去做该做的事。吴三桂叛乱伊始，大多数臣僚说只要杀了作为直接责任人的明珠和米思翰二人就可以平息这场叛乱。朕断然斥责了这种说法。在朕决定征讨噶尔丹的时候，也只有费扬古一个人表示赞成。”他后来这样写道。

错过断然实行的机会，从而犯下无可挽回的错误，最终导致自已陷入困境，这是汉人的习惯。爱好和平，在遇事深思熟虑上高于汉人，除此之外再无他法之时，力排众议、勇往直前的是康熙帝。但是与那种贪图安逸，在远方指挥的中国式的不负责任的皇帝不同，康熙帝经常亲临军旅前锋部队。有时候连续七十余天在塞北的山野中行军，一天只吃一餐，喝一杯水，与士兵共患难。

全军有着振奋的士气，最精锐的兵器，加之战略上的合纵连横，使得康熙帝没有失败的担心。在第一次战斗中，统帅三万士兵的噶尔丹突然败走，并向清朝求和，但是与此同时却向俄国派遣使节，唆使俄国出兵夺回被清军收复的雅克萨城和其他城池，而他则答应会从侧面袭击清军以配合俄军。清军之中也有胆小害怕者，他们担心俄国和噶尔丹勾结，轻信了噶尔丹的援军即将到来的谣言；也有人向康熙帝奏陈见好就收的益处。对此康熙帝非常生气，严厉斥责了这些人。但是俄国方面并没有轻信噶尔丹而响应其怂恿，他们认为，向清朝要花招的噶尔丹很可能与清朝是攻守同盟国。康熙帝也认识到了噶尔丹一定是在狐假虎威。果然，俄国坚守《尼布楚条约》，保持局外中立，噶尔丹的希望彻底落空。但是康熙帝不会采取在一望无际的蒙古沙漠上追逐并交战，一味损失士兵的愚蠢政策。他一方面亲临敌人的领地，另一方面与对付西藏一样，向没有首领的准噶尔部派遣自己的心腹喇嘛进入这一地区。拉拢与噶尔丹有杀父之仇的噶尔丹的侄子策妄，将其作为反噶尔丹的势力以搅乱其后方。责令严惩桑结，并毫不懈怠地寻求与达赖喇嘛的和谐亲善。这种后方扰乱战略取得圆满成功。

之后康熙帝对喀尔喀各部族说道，他决定完全歼灭噶尔丹的军队。为了诱骗噶尔丹孤军深入，康熙帝亲自率领十万大军兵分三路进军。因为已经了解噶尔丹的主力驻扎在克鲁伦河上游，康熙帝派遣使节告诉噶尔丹皇帝御驾亲征的原因所在。噶尔丹拒绝了这种堂堂正正的做法而将其视为欺骗手段。在所到之处看到皇帝龙旗飘扬的景象后非常震惊，狼狈而逃，康熙帝想追击但是没有追赶上。

昭莫多战役是噶尔丹命运的终结。在与费扬古统帅的清军的决斗中，噶尔丹已经没有东山再起的实力。他好不容易逃到自己的老家，却不料自己的旧敌策妄已整备好军马严阵以待。不得已他打算迂回逃往西藏，但是清军在这里已经事先做好了战斗准备。事已至此，一代枭雄感觉到万事休矣，于是服毒自杀。

如前所述，整个蒙古的平定以及与之相关的西藏问题的最终解决，并不是随着噶尔丹的死而结束的。准噶尔部问题的完全解决是在康熙帝死后经过雍正朝进入乾隆朝以后的事情（乾隆二十二年，即1757年）。但是不管怎么说，征讨噶尔丹使得蒙古西部的纠纷暂时告一段落。最终康熙帝还是心情愉悦地班师凯旋。

康熙还作诗一首以示心情：

铁马金戈百战时，戎衣辛苦首开基。

榻边鼾睡声先定，始布中原一著棋。

# 第六章 康熙的对支政策

## 一

康熙的孙子宝亲王（即后来的乾隆帝）在热河承德的牡丹台，第一次被自己的生母——即后来的孝圣宪皇后——拉着手带到康熙面前拜见时，康熙就觉得这个孩子面相文雅、容貌俊美。他看着宝亲王莞尔一笑，说道："这个孩子将来会很有福气的。"于是，特地命令把他送到禁廷严加训导教育。

刚继位时，如果统治稍有不当，就会重蹈虽然好不容易踏进中原，结果却只占领三个月就放弃首都洛阳，撤回燕北的辽（即契丹）的覆辙。当时的康熙面临着不得已只能放弃中原霸主地位的困境，回想自己过去五十年和父亲顺治帝辛苦经营的帝业，看着第六代皇子那如玉般的样貌，康熙担心地感慨道："这个孩子运气太好了！"现在看来这样的感慨真的是理所当然。

回到之前的话题，根据水野梅晓《满人统治汉人的方法》的珍贵一文可以判断出，顺治帝继位时比康熙小两岁，并且王朝还处在动荡的混沌初期，作为中原统治者的顺治帝，对于统治汉人非常小心翼翼，处处煞费苦心。或许这样的过度辛劳导致他只活了二十四年就去世了。换言之，对康熙来说，辛劳不是男人的不幸，反而要正视各种艰难，亲自克服困境。那种艰难是父亲顺治帝在位时基本上已经解决了的，好像是对之前的复习一样。父亲顺治帝当时处在比自己更艰难的天下形势中，却开辟了一小段的荆棘之路。如果把顺治帝看作是开拓功勋的话，那么康熙的勇气无疑是被自己的父亲激励出来的。

当然顺治在位时有着像叔父睿亲王、豫亲王这样实力强大的摄政后盾在，更有明朝蓟辽总督洪承畴这样难得的谋士。在现在的辽宁省锦州市连山附近发生的松山大决战中，被清军打败的明朝将领洪承畴是个很优秀的人才。生擒大明将领的太宗欢呼雀跃地亲自前去探望他，突然询问道："这位将士，您很冷吧？"于是把自己的貂皮外套脱下披在他身上。据史书记载，明朝的崇祯皇帝听说洪承畴战死，还亲自参加了他的丧葬，但得知洪承畴投降了清军转而破口大骂。实际上，真正将洪承畴作为对付明朝的谋士，并充分利用其统治汉人的是太宗之后的顺治皇帝。

洪承畴的出现无疑是清王朝称霸的具有决定意义的巨大

收获。年少的顺治帝就当前最紧急的事情、各种人事的鉴别、人才的用途等问题热心地向他进行询问，洪承畴的回答不仅透露着人性学的大家风范，而且还有韩非子转世的辛辣味。看透人性的纯与不纯要根据所钻研的学问的要求来判断。研习《大学》和经学的人虽然在琐事上会有不切实际的地方，但他的志向是可以信赖的。喜好记录世间兴衰成败的历史学和主功利的世俗学的人虽然有才能，但这些人中有很多人性不纯的地方。同样，政治之大本最重要的是圣学，如不重新规定天子的圣学，那么就发现不了人才，运气也不会转到自己身边来。康熙在位时的熊青岳的忠诚更加印证了这一点。统治者身边有这样的引导人真是万幸。于是，康熙实验父辈的做法，从头开始，继承了值得学习的地方。

这里有一点应该引起我们的注意，即无论是太祖皇太极时的范文程、萧文程，还是太宗顺治时的洪承畴，又或是康熙时的熊青岳、李光地等人，这些汉人谋士、将领或是侍讲的儒者为何为了异族敌对政权和他们的君主而效犬马之劳呢？投降而被敌军生擒，如此惜命的他们真的有忠诚的志向吗？从中原汉人明哲保身的伎俩和人的本能的角度出发，一看难道不就知道是假的吗？这些疑问谁都有吧。像日本这样的国体，对于只知道君臣关系的日本人来说，无疑是一大疑惑。并且无论怎么擦亮怀疑的眼睛，能体现出他们清白的事情绝不少见，这让我们不知要如何看待。当然计谋众多的欺骗和利害算计的欺诈背叛是中原人个人主义习惯的一面，或许这就是他们的通性吧。李自成和吴三桂的态度就是类似的例子。例如，在日本人看来，洪承畴被生擒的时候就应该死的，即使不切腹谢罪，但在两位主君面前尽忠义是难以想象的（虽然有安倍宗任成为义家的忠仆的例子）。尤其是洪承畴在明朝做官时就被重用，自然也就没有对故土的仇恨。虽然如此，这样的人背叛自己的旧主和朝廷，反而成为敌国清朝的忠臣，为了清朝的建立挺身而出，却丝毫没有愧对良心，这样的事情在中原人看来是很自然的。这点对理解中原和中原人很关键。

那么这个关键点是什么呢？我们不厌其烦地试着深入研究一下。毫无疑问这就是对于尧舜以来的传统之道——先王之道，或是孔子所谓的“文”之道的遵从，是汉民族特有的心理。天子继承天命，易姓革命都遵循此道。正如明太祖所说，元朝入主中原，功德在元朝，那是因为天命归于元朝。元朝灭亡是因为元朝子孙没有功德了。如果继续这样的功德，正确处理人事，应天地正气，中和阴阳，就会有国泰民安。天下民生之福祸全在此道的存亡兴衰，掌权者是何种人何民族是其次的。

当然民族意识也不是常人没有的，汉民族精于此道的具体表现者莫过于皇帝。若要说汉人的暴政者和蛮夷的王道施行者哪个更好的话，至少大部分中原人会选择后者。无论怎么说，如果生活受到威胁，连饭都吃不饱，还管是哪个朝廷？衣食足而知礼节，生命是一切的根本。

可是，若统治者有德，行大道的话，就不用有那样的担心。家家户户丰衣足食，实现这样的功德才是大道。因此，中原人的“忠”的观念本来就与日本的《忠臣藏》和《劝进账》中只对一位主君的“忠”是不一样的，那就是对于传统之道的赤心—衷心—真心是第一位的。正如西本白川所说，孔子说“微管仲，吾其被发左衽也”的意思是，比起不能忍受中原被少数民族统治和奴役，中原的文化传统因为管仲而被保留，其中的感谢之意才是主要的。同样的，孔子欲居九夷之时，或曰：“陋如之何？”对此，孔子回答道：“君子居之，何陋之有？”又说道：“有教无类。”在中原、华夷（华夏和蛮夷）之间发生问题总是在天子失德的时候，于是有了“舜乃东夷之人，文王乃西夷之人……惟有德者可为天下君”的说法。

中原的地理位置和自古以来就不了解其他国家的地大物博造就了他们对自然环境的自满自足，并且周边的诸民族大部分是未开化的蛮夷，中原人有时即使不得已屈服蛮夷，也早已被自己的文化和庞大的人口怀柔之，往往最终归于同化了。这是文化上一直是井底之蛙的后果，即便经历数次革命，毕竟三千多年的道统的挽回与复兴通常是表面上的，实际的思想内容基本上没有什么变化发展的理由也在此。因为不清楚比自己传统文化更优秀的事物，也不信任。总之，对他们来说没有比保守更好的事物了。

于是，康熙根据众多先哲（例如元朝大政治家耶律楚材）和父辈们活生生的教训，再加上自己的经历和学习，通过对中原人的特性的认识，把握了统治中原的关键，即中原人自信心很强，但很迂腐，不能信任，是难以治理的民族，但同时又有洪承畴和熊青岳那样，从更大的意义上为了中原天下和道统，站在“忠”的大义名分的立场上的人。保全道德上面子的人从心底对生命忠诚，这点不该怀疑，这也是他们的特点，是值得赞美的一大优点。相反的，在这一点上同种族满洲出身的人却靠不住，是不行的。不管是四位辅政大臣还是康熙的亲戚，到了康熙晚年，连有过伟大功勋的重臣内大臣索额图，最终也作为废太子事件的主谋被降罪诛杀。然而，如果作为只是对他们从心底竭尽忠诚的道统的实现者的话，汉人让他们心服口服，天下像磐石一样安稳也是完全有可能的。

康熙的希望就在这种认识、这种信念中，因此就有努力的意义。

## 二

为了统治汉人，就要推崇尊重汉人的文章，并把它发扬光大，这即是振兴道统，清正廉洁。如果不这样做的话，汉人虽然表面屈服，实际上并不心服。在中原，道—文—政是最重要的。于是，在文政的振兴方面，起用汉人是必要的且适宜的。康熙年间的大儒参与政事的有李光地、陆世仪等学者，这些都是吃过明朝俸禄的汉人。然而，当时的满洲人说着重重的满洲话，汉文汉学的知识不用说是很浅薄的。而且讥讽明朝遗民的新朝廷的人有很多。这样下去是不行的，于是，康熙立即着手（康熙十二年，当时康熙二十岁）发布命令，举荐归隐山林的博学鸿儒之士，将他们集体聘用，同时施加恩典，给予俸禄，允许讨论时局。接着，选任被选上的百十多位的学者中尤其精通性理学问的人作为朝廷的顾问，发布赋予他们编纂著作权利的诏书，并且招待学者们参加国宴，和帝师一起享受国家昌盛带来的繁荣。在被称为学者天堂的中原，这样优待学者受到好评是理所当然的，但这样做是有目的的，即对国内思想言论的统一以及控制。于是，在统一的标准上，康熙选择了朱子学。

程朱宋学被选作清朝的家学是乘着当时一时风靡天下的

阳明学到了明末渐渐变得空洞而被世人厌烦，学术界的风潮转向实理实学的宋学之势。以格物穷理为宗旨的朱子学可以说是中原学术中唯一具有科学精神的学派，并且其纯正、笃实的风格与康熙自身的性格和兴趣完全相符。对于每件事都要深入研究，弄清是什么原因导致了这样的结果，若不能领会的话就不会罢休的康熙来说，像掺入禅学的阳明学的流派是不能让人满足的，这也是理所当然的。从对学问的态度上，可以看出康熙推崇程朱，把严谨实学的朱子列入中原十哲中，很明显不仅仅是为了思想统一而制定的政策。

康熙说道："朕以为孔、孟之后又裨斯文者，朱子之功，最为宏巨。"又曰："凡人养生之道，无过于圣人所留之经书，故朕惟训汝等熟习五经四书性理，诚以其中。凡存心养性立命之道，无所不具故也。看此等书，不胜于习各种杂学乎？"

于是，出版了《性理大会》和《朱子全书》。

但是，康熙不是汉人。因此，他并没有把汉文化作为唯一绝对的文化，因为他知道其中的不足之处。也就是说，虽说"性理"，但如果从纯粹的科学精神的角度来看，中原的学问自古以来就把基础和目的置于实际处世的修养中，没有弄清楚人的精神作用和对自然现象的物理、机械的追根究底的区别，这是最根本的缺陷，即完全离开人的伦理或功利的目的。从将自然本身作为探究对象的纯科学的立场看，中原是不发达的。王阳明在宋学的格物致知走到尽头后，重视主观的直观道路就是解决这一缺陷的一个方法。这时康熙需要的是西洋科学，把精神的人伦之道作为人伦之道，物质的科学之道作为科学之道，根据各个领域的要求，弥补汉文化的不足。于是，西方传教士活跃的舞台拉开了序幕。

> “人生凡事固有定数，然而其中以人力夺天工者有之。如取火镜、指南针。一物之微，能参造化，至于推步七政之运行，寒暑之节侯，日月之交蚀，皆时刻不爽。又若春耕夏耘，乃致西成秋获。苟徒恃天工，不尽人力，何以发造化之机，而时亮天功乎？”（《庭训格言》）

康熙生来就是个对科学很有兴趣的人，并且热衷研究。为此，他利用西方的传教士在中原建设了很多具有划时代意义的文化设施，就如根据中原大国领土的完整测量制作的《皇舆全览图》一样，关于其中大陆文化交通中有趣的事迹前文已经叙述过了。尽管康熙因为如此的好学而把外国传教士作为老师给予优厚待遇庇护，但作为主人公和利用者，传教士只不过是康熙的属下。传教士们本想利用这位对科学感兴趣的皇帝，反而自己被利用，有些传教士酸溜溜地说道："皇帝总归还是迷恋科学。"其实康熙有他自己的目的，那就是向一说到文化就自以为除了汉文化就没有其他的文化，蔑视其他文化的唯我独尊的中原人展示了在物质机械文化方面，在世界上也有胜过汉文化的其他文化的事实，挫败了中原人的锐气。也就是说，弥补汉文化的不足，在国防上发挥作用，同时达到以洋制汉的一石二鸟的效果。

然而，康熙并不是玩弄小聪明的平庸主权者。他把故土满洲作为关键时刻的最后根据地，对此增加了特别的保护，使之成为封禁之地，同时为不使满洲人失去原有的民族优点和良好的作风施行了训育。例如，让中原人效仿辫发胡服的满洲风俗，其目的与其说是改变汉人的习俗，倒不如说是有满洲人自身不能输给汉人，被汉人习俗同化的用心。大概康熙知道习俗对人的心理会产生不可小觑的影响吧。但他自身和一般的满洲人的立场不同。作为大清帝国的君王，事实上他已经超越了汉、满、藏的异民族情感，"朕统御寰宇，中外一体"，"朕为天下元后，万国一家 "，康熙的这些语录和路易十四的"朕就是国家"很相似，显示了巨大的抱负。而且路易驾崩时，苦于长久的侵略战争和国债的负担的民众终于松了一口气，而康熙在位时没有这样的事情。

原本康熙的对支政策的范围很广泛，涉及很多方面，但这毕竟不是一个朝代就能解决的事情。根据年代顺序来看，第一个取得成果的是大力度的免税和减税。自古以来，独特的家族主义和个人主义盛行的中原的租税制度在政治混乱时，就会被某一姓氏家族滥用，所谓的苛敛几乎是老一套的惯例。针对这样的事情，直到如今还有半数的中原俗谣中吟唱着对横征暴敛的怨恨。因此，由于前人的陪衬，减免过重租税的当权者很容易被当作是有德之人，也就自然而然地赢得了民众的支持。

康熙的免税政策传承自先代顺治帝，更确切地说是其叔父睿亲王利用了洪承畴的智慧。顺治帝于顺治元年进入紫禁城，首先为明朝崇祯帝举行大的法会祭祀，同时大力布施免税的功德，即北京城内被征调房屋的官民，实行三年的免税政策，房屋主人和满洲人同居者再减免一年的赋税，军队官兵经过的农田有破坏者减免当年的一半田赋税，黄河以北的各府州县减免三分之一的赋税，又取消辫发易服的命令，修改为没有限制。这些都是在努力争取汉人的民心。当时清朝财政也不宽裕，从实施这样的减免政策来看，清朝的实力还是很微弱，惧怕汉人，处处战战兢兢，小心翼翼。

可是清朝在满洲时就贤主辈出，而且满蒙的马和辽东的人参通过贸易输出，使得财政出乎意料的富裕。但是，不管怎么说也只是小户生意，没什么大的发展。入主中原后突然间增加了十几倍的地域、一百倍的人口和大户人家，无力肩负起这些也是当然的。但康熙和顺治帝一样年幼就继位，这省去了很多朝廷内的花销。如果皇后、妃嫔众多的话，后宫的费用会无限制地增加，但年幼继位的皇帝暂时不用面对这样的事情。八九岁时自己根本什么都不知道，康熙二年时减免了顺治元年到十五年民间滞纳的全部赋税，这些年减免赋税的力度是之前根本没有的。总之，整个康熙年间后宫节省费用的程度是无法想象的。根据皇帝自己的记录，整个宫中的穿衣费用还不及明代妃嫔一宫的费用，三十六年间的费用比明朝一年的所用还少。并且，“三藩之乱”和后来的俄国侵蚀国境的问题，再加上对从蒙古到西藏的镇压等大规模的远征，那种紧张的局面的确是非同寻常。

> “平定三藩，扫清漠北，皆出一心运筹。户部帑金（指国库），非用师赈饥，未敢妄费，谓此皆小民脂膏故也。所有巡狩行宫，不施采绘，每处所费，不过一二万金，较之河工岁费三百余万，尚不及百分之一。”

史书上这样叙述康熙帝的功绩：在位时先后六次去南方地区巡视，一来是为了展现皇帝的威严，二来也是为了对当地施加恩情和视察民情，即使是巡视江河的治水工程的时候，简朴到出行的费用还不及之后乾隆帝游山玩水花费的几分之一。康熙晚年，即康熙四十八年，国库存有五千万两的黄金，足见皇室财政的富裕程度。即使这样，康熙还主张，财富必须存于民间，并且颁布诏令减免全国三年的赋税。

## 三

关于满洲和中原的关系，从对外的国防的观点来看，“要守住四夷”，为了完全统治中原东部，一定要平定蒙古、西藏等地的领土，所谓远柔近怀是非常重要的。中原从古代就征讨外夷，或是招抚他们，这些事情本身就是汉人的最大的示威。并且这样一来使塞外那些民族臣服，通过恩威并施，使他们成为附属藩地，就像坚持驻扎军队一样，这样比万里长城有好上几倍的效果。康熙和乾隆在位时远征军足迹遍布外蒙古、西藏，更到了安南、缅甸等地，扩大了中原的版图，等到中央权力衰微时，就和明朝一样，只是徒劳无益的，倒成了巨大的负担，一看这就是无谋的征服欲导致的后果。到康熙时，之前隐藏的这种弊端一下子显现出来，不得已停止了征讨。但康熙始终怀着内圣外王的伟大理想，此理想要在其认可的必要范围内实现，就像其孙子乾隆用简单的野心只是为了征服一样。当然从武力方面来讲这并不是什么难事。总之，随着中原领土的日益扩大，周围藩国的驻军费用都节省了。

但是，一方面康熙对内的政策，用一句话概括就是保存所谓的满、汉、蒙、藏、回五个民族的各自特色，取其精华，兼容并蓄。尤其是保持掌握政权的满人固有的尚武精神，弥补大多数汉人文弱的不足，使得满洲的氏族本位制和汉人的家族主义同时存在。康熙大体上沿袭了明朝的遗制，主要是考虑到汉人和汉文化性质上的妥善安置。只除去此弊端，采纳西方科学文化的话，这样与世界大国也差得不远。如果利用单纯配合王道精神的西方科学，就如虎添翼，相信中原就会成为名副其实的世界第一大国。只是眼下最重要的是满汉的合并，这涉及到军队制度、百姓制度、官员制度。康熙确实是取得了实际的功绩，但一个棘手的问题是中原家族制度引发的弊端。

元朝宰相耶律楚材曾说道，“兴一利不如除一害，生一事不若减一事”。实际上，除弊端在中原这样顽固保守的地区是难上加难的事情。当然家族主义也有好的地方。家族主义的道德，即从汉人的生活本身形成的礼教道德普及深入，西本白川认为这本身就是中原文化的特点。但这样的家族道德无论如何 都不能移植到其他的民族中去。于是上述所说，就如同奉行个人主义的欧美如果不出现大资本家的话，社会就会均富，个人的独立心、竞争心、进取精神就会减退萎靡，结果就会滋生危害社会稳定的懒惰和寄生虫似的游民阶层。所谓一人当官放火者百人。往往得到利益的人会显得很清白。若要追究缘由，就会产生宗族和朋友的私情，国法就变得有名无实，想利用这种恶风恶俗投机取巧的人就变成官匪了。过去在中原，官匪和黄河水、道路被称为三大害，上行下效，下层官员和下层的匪首勾结在一起，软弱的人和恶人要么变成乞丐，要么变成土匪。

追究缘由的话，因对国民有很强的依赖，这种依赖又是家族主义和族长制度产生的。中原民族这种事大主义的外国依赖的弊端恐怕也是由此而来。于是，官匪和土匪无限制增加，等到他们飞扬跋扈的时候就是天下大乱的时候。

概括起来，历代革命的惨败都是因没有明君贤相，以及官匪腐败。土匪是和官匪的多少成比例的。这种长期积累的弊端已经深入中原的骨髓里了，就如过去契丹王的感慨，“从未见过像中原这样难以治理的国家”。康熙对此也绞尽脑汁，叹息道：“如满洲蒙古，数十万人皆一心。汉人心不齐，朕临御多年，每以汉人为难治，以其不能一心之故，国家承平日久，务须安不忘危。”

但是这种汉人固有的歪风邪气并不是只源于他们家族本位的利己主义。一个原因是尚文的弊端，尤其是过于流于形式上的礼教。为此，注入汉民族之外的健全活泼民族的尚武精神是很有必要的。如不这样，事态的恶化就不单单是国内的腐败了，实际上还有外来敌寇侵扰的不安。康熙经常把眼光放远至海外，觉察到西方东渐的趋势，力主加强海防。

康熙曾说道："海外如西洋等国，千百年后，中国恐受其累。此朕逆料之言。"又说道："朕南巡过苏州时见船厂问及，咸云每年造船出海贸易者多至千余，回来者不过十之五六。其余悉卖在海外赍银而归。官造海船数十只，尚需数万金，民间造船，何如许之多。且有人条奏海船龙骨必用铁梨竻木，此种不产于外国，惟广东有之。故商人射利偷卖，即加查讯，俱捏称遭风打坏。此中情弊，宜速禁绝，海外有吕宋、噶喇吧等处。"

从这可以看出康熙的细心和勤奋以及汉人至今不变的做事方法。康熙经常使用诸葛孔明的"鞠躬尽瘁"一语，他晚年曾说道："臣下可仕则仕，可止则止，年老致政而归，抱子弄孙，犹得优游自适。为君者勤劬一生，了无休息之日，如舜虽称无为而治，然身殁于苍梧。……朕今气血耗减，勉强支持，脱有误万几，则从前五十七年之忧勤，岂不可惜。……尔等有退休之时，朕何地可休息耶？……朕年五十七岁方有白须数茎，有以乌须药进者，朕笑却之曰：'古来白须皇帝有几？朕若须鬓皓然，岂不为万世之美谈乎！'……朕享天下之尊，四海之富，物无不有，事无不经。至于垂老之际，不能宽怀瞬息，故视弃天下犹敝屣，视富贵如泥沙也。倘得终于无事，朕愿已足。"

# 第七章　行政及文化事业

## 一

噶尔丹之死使得阿尔泰山以东名义上归入大清版图，在内蒙古避难的数十万喀尔喀人也得以迁回原牧地，并且一律改编为旗，共分为五十五旗，从而安定下来。

当然，并非由此就可以说中国北部和西部的治安、保卫已经完全稳定下来。策妄虽然和清军合作，借清军之力，给父亲报仇，击败噶尔丹，逼其自杀，并且和他的弟弟占领噶尔丹的领土，扩大势力，但如果他们再次和西藏政府联手的话，那么清朝在西北所进行的全部努力就会前功尽弃。只是策妄一部还没有那么强的实力，噶尔丹死后，西藏的德斯·桑结嘉措（1679年任西藏第五世第巴）也势力渐衰，不久便被部下杀死。而且，准噶尔的根据地天山北路和西藏之间，是所谓的天山南路沙漠，突厥部落的回教徒回纥占据此地。在回部（即回疆，清代对天山南路的通称），只有穿越昆仑山，才能进入西藏地区。虽然康熙末年准噶尔势力猖獗，趁西藏动乱之机实行入侵，清政府又再次进兵西藏，但是不管怎样，强贼噶尔丹之死使西北部暂且实现安定，沙皇俄国的南侵之患也最终得以扫除，其余剩下的一些小争端等疥癣之疾慢慢解决即可。康熙皇帝自康熙三十六年（1697年）亲征噶尔丹，从位于今包头附近的归化城凯旋之后，再也没有亲征过。至此，清朝的实力如日中天，地位也相当稳固，且赢得了汉人的信任，天下的安定统一大势所趋，没必要急于处理区区边境问题。对康熙来说，在内政和文化事业方面，应该做的事和他想做的事，堆积如山。

其中第一件事就是对喇嘛教的怀柔政策。康熙三十七年（应为康熙三十年，即1691年——译者注），康熙与蒙古各部首领于多伦诺尔（今多伦）会盟，册封库伦（今乌兰巴托）的宗教领袖温都尔格根为呼图克图大喇嘛，统筹喀尔喀部宗教事务，并赐予其相当于都督的政治地位。康熙为了用喇嘛教统一蒙古各部的思想，赋予格根极大的权势，看似他优待初代格根，并且从心底深深地信任他。

不用说，喇嘛教是和低级的婆罗门教相融合的最下等的偶像崇拜的佛教。若非如此，它就不会在既没有文字也没有宗教的愚昧山间蛮夷之地——吐蕃中大为弘扬（始于唐贞观年间，元世祖以来成为昌盛的国教）。当然，蒙古也一样，是不可能真正地理解正统佛教所主张的深奥教义的（其证据就是蒙古文字来源于西藏的八思巴文字）。因此，在已经接受正统佛教、文化程度较高的中国内地，康熙并不鼓励信奉喇嘛教。另外，对故乡的满洲人——表面上暂且不说，实际上是否真的像在蒙古似的鼓励人们信奉喇嘛教还有待考证。依照喇嘛教规定，除长子外所有的人都要入僧籍，所以在信奉喇嘛教的国家，大多数的国民都是喇嘛僧，而一旦入僧籍，便不能结婚，也就不能繁衍子孙。另外，秉承佛教教义禁止杀生，自然也必须避免战争。因此信奉喇嘛教被认为是土谢图汗部等部族衰落的原因。然而，康熙非但不废止这导致民族衰落的祸因旧俗，反而对其大加保护鼓励，同时因为担心蒙古人受到汉文化影响而发展其自身文化知识，于是禁止蒙古人接触学习汉文化。由此可见，康熙绝非是谋求蒙古发展之人。甚至有人说，他是一个阴险的政治家。

另一方面，如果绝对理想化地看待康熙，那他对喇嘛教信仰的鼓励，的确是实现了满、蒙、藏的思想统一，民心安定，人们潜心向佛。虽说喇嘛教会削弱信徒的勇武精神，但同时，也有部落像准噶尔似的既信仰喇嘛教又很勇猛。虽说喇嘛教禁止胡乱杀生，但也存在置生死于度外、视死如归等积极的一面。另外，和满洲一样，禁止接触学习汉文化，与其说是担心蒙古自身文化发展，倒不如说是为了保留蒙古人原本的纯朴勇敢之风。总之，如果认为康熙对喇嘛教的怀柔政策使边疆各部落的势力削弱如顺从的羔羊的话，就完全不能理解康熙的雄才伟略。有人（如西本白川氏）如上为康熙辩解。

我在这两种学说间持中立态度。康熙确实是有“内圣外王”的理想。他从根本上是儒家——王道论的尊崇者，在这一点上，他不像其子雍正、其孙乾隆那样是一个完全舍弃理想主义的现实主义政治家。读过雍正传记之后，即可明白雍正是怎样励精图治，修正父亲康熙的理想主义，实行一系列符合现实的政策的。到了清高宗（乾隆）时，乾隆自认为是深受汉文化熏染的首领，不仅对汉族，对蒙、回、藏等各民族，甚至是宣传西欧科学文化知识的西方传教士，也实行极端专制的高压政策。也就是说，只有康熙一朝实行了理想主义政治。

但是，这并不能说明康熙只追求高远理想，而不注重脚踏实地的实践。我们已经说过，康熙富有实理实学的科学精神，多伦诺尔会盟之时，他四十五岁，早就不再年轻气盛，而是进入了通晓事理的不惑之年。但实践主义并不等同于没有理想、没有目标。康熙之所以被称为“大帝”，就是因为他不同于寻常平庸的政治家，而是一个拥有伟大目标、不满足于整日庸庸碌碌的实干家。他不是所谓的工于权术之人，更不是鲁莽行事、有勇无谋之人。总之，说他是单纯的梦想家，可他又过于聪明，说他是单纯的实干家，可他又努力追求真挚的人生意义和帝王之道。

比如，康熙统治了如西蒙古准噶尔部似的反复无常、粗野无比的蛮夷之外，又适时地鼓励利用其自古以来信仰的喇嘛教，或者沿袭明朝的做法分割蒙古诸王的领地，以此来破坏团结，在中国内陆、西蒙古及沙皇俄国之间设立数处缓冲带并将其作为清朝北部边陲的“屏藩”。如果说我们并不认为康熙采取过上述措施的话，那么大概可以说我们对其估计有误、过于袒护了。对于汉人那种自古以来一心修筑万里长城，并且在国境线上屯兵数万的既愚蠢又不划算的做法，康熙一向是嗤之以鼻的。说起他实行的怀柔之法，并不仅限于喇嘛教。连西洋传教士，他也像对待猫一样进行笼络，使其心满意足。康熙诱骗噶尔丹，一举粉碎其势力，同时未雨绸缪搅乱其后方，和远在西藏的达赖喇嘛沟通交往，这些难道不能说明他算无遗策吗？蒙古内部动乱不断，一些部落过于猖獗，中国就始终处于不安之中，这绝非什么好事。

本来以文化教化蛮夷之地，就是人类进化发展的大势所趋。而且，康熙不光是蒙古的皇帝，不言而喻，对他来说，较之蒙古，中国内陆更为重要，较之中国内陆，满洲地区更为重要，而较之满洲地区，则天下更为重要。

雍正以后，其天下思想明显跨越中国中心而成为满洲中心主义。但是，雍正一度被准噶尔的叛乱军击败，直到乾隆五十七年（1792年），清朝才完全平定准噶尔，其周围的回部、西藏、安南、缅甸完全成为中国的领地，彻底断绝清朝的西顾之忧。这距离康熙被迫举兵讨伐这些偏远之地，已过了百年。

另外，康熙采取的一些镇压手段，明显是有利于整体的笼络之策。他认为只要蒙古不暗中支援沙俄，就只是一些小祸乱，构不成大的威胁。清朝现在虽说势如中天，但说不定什么时候汉人或沙俄又会反叛崛起。若清朝一旦如镰仓似的衰落，那满洲人可以依靠的只有蒙古族。因为一般蒙古人朴实重义，对自己真正尊敬信赖的人，会一直尽忠竭力。虽然康熙武力驯服了他们，但若没有活用其忠诚之处，而是一直削弱其势力，反而如自断臂膀。康熙特别优待初代格根，以示信赖他，在热河承德（今河北省承德市）的行宫处建立数所壮丽豪华得让人大吃一惊的喇嘛庙（之后到乾隆时，喇嘛庙建成八所，称为热河八大所），向蒙古人展示清朝的财力和文化，让其高兴得忘乎所以，俘获其心，种种做法着实出于康熙的深谋远虑。

然而，雍正以后，康熙的这些施政方针就渐渐变为旨在削弱其势力的阴险恶劣的手段，或让蒙古诸王、豪族参观北京，使其沾染腐败的汉文化的华美淫靡之风。由此，喇嘛们风纪日下，思想堕落，梅毒感染者比比皆是，也有人为钱所困把土地抵押给内陆人后又遭掠夺，蒙古势力每况愈下。即便如此，也不能单单指责清朝的做法错误。所谓的文化先进民族和落后民族相碰撞之时，总是不可避免地产生这种现象。俗话说“害人犹害己”，采用这种手段削弱蒙古势力的清朝，最后也重蹈了蒙古的覆辙，深受汉文化毒害。

就这样，在清朝从内部开始腐败崩塌之际，南部英法率军来华，北部沙俄南下，逐步加速了清朝的瓦解。而康熙仿佛早就预想到所有的事情一样，曾做如下断言：“鄂罗斯国人材颇健，但其性偏执，论理亦多胶滞，从古未通中国，其国距京师甚远，……至外藩朝贡，虽属盛事，恐传至后世，未必不因此反生事端。总之中国安宁，则外衅不作。故当以培养元气为根本要务耳。”

## 二

总的来说，康熙的政治态度较之严厉而倾向于宽厚。他拉拢汉人，注重满汉文化的融合，营造舒畅宽松的氛围，同时不能否认，他任用的一些汉臣，小人得志，以至于在康熙晚年暴露了种种弊端。当然，他作为执政者，为维护社会秩序，保持人心安定团结，严明国法，赏罚分明，尤其是对有反清兴汉、扰乱民心的人，严厉打击，毫不姑息。其中最显著的例子就是所谓的“文字狱”。“文字狱”自顺治以来屡次发生，到雍正时期愈加兴盛。

一般来讲，不自信的政府一方面会战战兢兢地取悦国民，另一方面神经又过于紧张以至于做出一些苛刻残暴的事情。这既源于怯懦，也由于统治者的性格。这一点，顺治和雍正虽然立场不同却有相似之处，但处于中间的康熙的做法却可以说正相反。本来清朝的不足之处就是出身于没有文化底蕴的满洲，尤其是在治理像中国这样尊儒重道的国家时，如何做才能不受汉人的轻视就更令清朝心虚。热衷于玄学的乾隆等人为其绞尽脑汁，制定出了一系列虚假政策，为了假装满洲自古以来就拥有灿烂独立的文化，他们配合汉字的三十二体篆书，创作了相同数目的满洲文字。另外，无中生有捏造词汇，创作《盛京赋》，来显示伟大清朝帝王的连绵不绝和传承是多么的顺应自然，并且，努力宣传《盛京赋》，不仅是在中国各处，甚至将其译本赠予欧罗巴的帝王。[关于其后伏尔泰爱慕其诗，并作赞颂长诗赠与乾隆一事，参照拙笔《乾隆御赋·改造》（载于昭和十三年十二月号）。只是，此书为小说，不拘泥于烦琐的史实和地理，有不少地方与事实不符。]

康熙虽然没有那般牵强附会，但他也不容许汉人年轻的知识阶层对中华文化自鸣得意，也不容许他们出于某种目的而谴责清朝的施政，发表排满抗清的言论文章扰乱民心。其中最残酷的屠戮是庄廷鑨的“明史案”，即在浙江文人庄廷鑨编写的明朝灭亡的历史中，有抗击清朝的思想。但实际上，庄廷鑨亲自编写的只是很少一部分，并且他已经死去，但却被一个失去权势、沽名钓誉的官吏因想要建立政绩而告发。因此，朝廷下令，把庄廷鑨开棺戮尸，并且从他的儿子、弟弟到为其写序言的、卖书的、刻字的、印刷的一共七十多人，都受到株连。不过，这是康熙才十岁时发生的事情，不用说他肯定不清楚其来龙去脉。

另一件是戴名世的“南山案”，戴名世在著作《南山集》中将清朝的不是之处刊行于世。政府本应将他处死，株连数百人，但康熙下特旨免除了半数以上人的死刑。另外他还做了一件极具其办事风格的事情。当时，有一名叫方苞（号望溪）的学者，因和戴名世有同乡之谊，所以为《南山集》作序，后虽受到案子牵连而入狱，但实际上是蒙受了冤屈。然而他淡然处之，在狱中仍醉心于《礼记》的研究，坚持治学，著述不已，同监夺过他的纸笔扔在地上，责备他说：“命在须臾矣！”方苞从容答道：“朝闻道，夕死可矣！”康熙听说这件事后，饶有兴趣，加之重臣李光地的极力营救，方苞得以赦免。

后来，方苞在谒见康熙时，康熙问："谁能作古文者？"方苞以擅长作文章自居，回答说自己，大学士李光地也称赞其文章是"韩欧复出，北宋后无此作也"，真可谓是桐城派的大家。而且桐城派主张将汉学与宋学融合的伟大思想，所以康熙很快就将其作为统一思想的工具使用，这表明康熙一方面大兴文字狱，另一方面又适时地鼓励能够教化世道的学派。

原来康熙就曾说过："至治之世，不专以法令为务，而以教化为先。盖法令禁于一时，而教化于长久。若徒恃法令而教化不先，是舍本而务末也。"他主张以教化为先，使人心纯良，风俗纯厚。为此，康熙九年（应为康熙三十九年，即1700年——译者注），他颁布了《圣谕十六条》，具体如下："一、敦孝悌以重人伦；二、笃宗族以昭雍睦；三、和乡党以息争讼；四、重农桑以足衣食；五、尚节俭以惜财用；六、隆学校以端士习；七、黜异端以崇正学；八、讲法律以儆愚顽；九、明礼让以厚风俗；十、务本业以定民志；十一、训子弟以禁非为；十二、息诬告以全善良；十三、诫窝逃以免株连；十四、完钱粮以省催科；十五、联保甲以弭盗贼；十六、解仇忿以重身命。"

这份《圣谕十六条》乍一看极其普通，只是罗列了老一套的中国式道德教育的空话，但一字一言都出于康熙。康熙虽然年轻，却深刻地洞察了一个农业国的家族本位国家构成和保守的国情民风，并且将自己的所感所思表述出来。尤其是反过来读一下第十二条以后的训诫，就会明白，康熙是清楚地知道并且为了训诫中国人在苛政之下的恶习和深入膏肓的恶癖，才颁布这份圣谕的。

因此，康熙喜欢质朴勤俭之风，厌恶由于文弱腐败而滋生的巧言令色、浮华不实，实在是其天性使然。据说这正是和被称为诗人帝王的乾隆正相反的地方。英宗（应为宋神宗——译者注）即位后，司马光被提拔为翰林学士，他极力推辞，皇帝问他理由，他回答说："臣不能为四六。"但终究推辞不掉，接受了皇帝的好意。对此，康熙评论说："（司马光）学殖淹博，文词最为典雅，岂不能为四六者，盖因宋承五季之后，时犹崇尚排偶，竞趋浮华，故光以不能四六为辞，所以矫当世之失，而欲返之于淳朴，其用意良深矣。固非如后世鄙陋无文之人，高谈性命而蔑视词章以自文其不学者所得而借口也。"

另外，在康熙时代，也经常祭祀前朝帝王，以招揽人心，但康熙认为若不管是谁，就一味祭拜的话也是可耻的。康熙二十三年，他首次南巡，登泰山，到曲阜的孔子庙，在大成殿行三跪九叩大礼，亲诵祝文，赏赐孔子的子孙书籍裘服，随后前往南京，祭扫明太祖孝陵，拈香奠酒。在这期间，康熙一直读书、习字，每日勤勉学习到半夜三更，甚至连他身边的侍臣都劝说他注意养生，保重身体。康熙看到孝陵完全荒废，野草茫茫，想到世事变迁，江山易主，感慨万分。但这也正是因为康熙对明太祖及其伟业尊崇有加，如果不是康熙钦佩的人，即使他是前朝的帝王，康熙也不会祭拜。康熙末年，礼部上奏明朝诸帝入祀历代帝王庙时，他将万历、泰昌、天启三帝排除在外，并说："有明天下，皆坏于万历、泰昌、天启三朝。愍帝（即崇祯——译者注）即位，未尝不励精图治，而所值时势，无可如何。明之亡，非愍帝之咎也。……愍帝不应与亡国之君同论。"

说起万历皇帝，也是有争议的。现在的中国人不一定知道他昏庸无道，荒于政事。康熙下令因其祸害国家，所以无需祭祀，由此也表明康熙并不是一个圆滑的软弱天子。

## 三

即使不熟悉康熙的人，至少也听说过《康熙字典》吧。它是在康熙执政六十余年间编纂而成的。《康熙字典》作为一项重大的文化事业，不仅仅是一本词典，康熙在其序文中写道："朕每念经传至博，音义繁赜，据一人之念，守一家之说，未必能会通罔缺也。"朱熹的伟大之处，在于编纂《通鉴纲目》，解明《春秋》大义，完成六经注释，但是人们对字词的意义及理解，并不固定。而将这些意义及理解确定并流传下去，以便后人继承学习则是《康熙字典》的目的。难得产生的伟大的思想观念，若一直众说纷纭，便只能被看作个人的自由见解，什么也不能留下。《康熙字典》的编纂工作始于康熙四十二年（应为康熙四十九年，即1710年——译者注），但实际上自康熙执政初期，便秉承中国四千年来的王道，开始起草《大清一统志》，叙述如何把领土拓展成前所未有的规模。随后，为了发扬及统一文化，康熙命人将以《周礼》及《礼记》的要义为根本的历代法律制度集大成者《大清会典》编成《渊鉴类函》。上述三部书真可谓旷古大业。现在，若是要列举康熙时代的著书，主要如下：

| 书名 | 卷数 | 成书年份 |
| --- | --- | --- |
| 《康熙字典》 | 四三 | 康熙五五 |
| 《佩文韵府》 | 一零六 | 康熙一五 |
| 《渊鉴类函》 | 四五零 | 康熙四九 |
| 《数理精蕴》 | 五三 | 康熙五二 |
| 《历象考成》 | 四二 | 康熙五二 |
| 《音韵阐微》 | 一八 | 康熙五四 |

| | | |
|---|---|---|
| 《韵府拾遗》 | 一一二 | 康熙五五 |
| 《骈字类编》 | 二四零 | 康熙五八 |
| 《分类字锦》 | 六四 | 康熙六一 |
| 《子史精华》 | 一六零 | 康熙六一 |
| 《礼记解义》 | 六四 | 未详 |

另外，还有《朱子全书》（六六卷）、《全唐诗》（九百卷）、《性理大全》等，到成书于雍正时代的《古今图书集成》，甚至有一万多卷（一千六百二十八册），浩瀚如烟。这是最大的类书，对中国研究来说是必不可少的手册，虽然这些事业的完成年代大都在康熙后期，但并非一朝一夕就可以达成，而是需要积年累月的精心刊行。可是，到了乾隆时代，世事变化，盛世兴文，随着人们越来越提倡回归比宋学更源远流长的古典，所谓的汉学也开始流行，这些类书更加不能满足人们需求。归根到底，类书原本就是各种书中性质相同的内容的概要，以简单便利为宗旨。在中国有不少这样的书，比如唐朝的《艺文类聚》、宋朝的《太平御览》、明朝的《永乐大典》。但是，随着人文的进步，人们更加好学，追求更加本源纯粹的东西。于是，追求原版书、全书的需要日益兴起，随之产生的巨大成就便是《四库全书》，其具有三千四百五十七部，七万九千卷。所谓四

库，是将经、史、子、集这四种分别编成一库（收藏《四库全书》的藏书楼数并不是四个，而是七个，由此被称为四库七阁），单是这项事业所动用的学者数便规模庞大，有三百六十余人。

古今中外帝王中的幸运儿乾隆，沐浴日月之光而生，非凡出色，在祖父康熙、父皇雍正两朝励精勤俭的余泽中，坐拥堆积如山的无尽财富，取得了相当伟大的成就，其中便有《大藏经》，其作为《四库全书》中的一部分，被译成了满、蒙、藏、汉四种语言。他受到其臣子、蒙古人章嘉国师的鼓动，将《大藏经》翻译成四种语言，这也是康熙的夙愿。到乾隆帝时，虽说翻译成了四种语言，其实也只是翻译成了位于清朝版图内的四个民族的语言。另外，虽说康熙也希望译成“四国”语言，但其“四国”指的是满洲、蒙古、西藏（党项）及拉丁民族四种。代替既存的汉译，康熙加入了拉丁语，这是乾隆所没有想到的，或许即使他想到了，也会认为是不可能的。由此我们可以知道，康熙的气宇不凡、胸怀天下，无论如何都是乾隆的能力所不及的。

另外，康熙倾注三十余年的心力而完成的还有《康熙皇舆全览图》和《康熙永年历法》两项事业。前者的完成是在康熙六十五岁的时候，之所以那样费时费力，是因为康熙在位期间中国的疆域不断扩大，连西藏、噶尔丹的领地也加到其版图中，所以测量的范围也相应扩大。

这样，虽然一方面对反满分子实行严厉的镇压，但大体上学者或学生也不可能感受不到中国史上空前的恩典。在清朝初期康熙还未执政期间，相当多的文人墨客受到冤枉迫害，其中有名的有石涛（号苦瓜和尚）、八大山人、新罗山人（又作华岩）、石溪和尚、恽南田（字寿平）等优秀的画家，由此他们有的遁隐于山间，有的甚至装疯以逃避迫害。之所以这样，一方面是因为这些文人墨客是明朝王族的后裔，同时也正值“三王之乱”，他们对刚刚入主中国时日尚浅的清政府政权没有信心，可以说是神经紧张过度怀疑而导致的牺牲品。

本来明末清初这个时代，就是在政治上汉族衰退异民族兴盛的波澜壮阔的转折期，在艺术文化史上也是最意味深长、收获种类复杂繁多的时期。这是经过悠久历史洗礼的一个优秀伟大的民族的文化，由于过于烂熟导致精神上的衰老和死板僵硬，将舞台让给一个朝气蓬勃且刚健的新兴民族的交替期。与此同时，在这富有生命力的新兴文化中，以前未曾见过的“粹”（时髦）之韵，如同最后的余焰，妖娆地交织盛开。这虽然早已不像民族生命力鼎盛的壮年期伟大有力，但如果没有兴盛的过去，也决不会盛开高雅的末期之花。人们经常将康熙、乾隆的时代称为中国的文艺复兴期。

其实，无论是康熙还是乾隆，事实上都是为汉族输入了满洲族新鲜的血液而促成这个时期的到来，并且为此拼命努力。毕竟，原先的文化体制已经过于衰老，过于腐烂了。

明末各书画家百花齐放，以康熙习字的模范董其昌、沈石田（沈周）为首，有赴日教画的沈南苹、文人画家文徵明、郑板桥、金冬心、上述的石涛等，除此之外，还有被称为“四王”的王时敏（号烟客）、王鉴（故称廉州）、王翚（字石谷）、王原祁（号麓台）四人，以及基督教徒吴历（字渔山）、恽南田和唐伯虎等江南画家。这其中，除了蒙受官宦迫害的恽南田，被称为“四王”的大家们，都属于江南的院体派。虽然与院体派的起源唐、宋、元的大家们相比，他们差距很大，属于二流、三流的画家，但石涛、八大山人、新罗山人等人也是进行了富有时代背景的特殊的创新，其价值在“四王”之上。浅显地说，从这个时代到乾隆时代的艺术，基本上没有一流艺术所具有的威严厚重的顽强生命力和大气。但是，它与文化多样的明朝末期相符，在人们所具有的神经质般纤细的感觉和鉴赏力方面，大有进步，且富有色彩，大方脱俗。另外，之所以这些所谓的文人画家多来自中国的江南地区，除了是由于这些地方细致美丽的风景适合画题，也是由于这些地方比起处于官宦眼皮底下的帝都附近，远离中央，人们喜爱这种比较自由、官僚气比较少的氛围。同时，这些地方自古以来就是商业中心，经济比较发达，从各方面来说人们的生活比较富足。

思想、诗文方面，在南方有像顾炎武、黄宗羲、阎若璩等事实上相当过激的反满兴汉的学者。小说和戏曲方面，也是在这个时期，曹雪芹的名著《红楼梦》、孔尚任的《桃花扇》、洪升的《长生殿》、李渔的《十种曲》等相继问世。诗人方面，人才济济，有王士祯（王渔洋）、吴伟业（号梅村）、朱彝尊（号竹坨）等人。总之，在历次改朝换代期都会出现文艺大发展的中国历史上，把清初时代单独地称为文艺复兴并不合适，但毋庸质疑这肯定是一个有进步、百花齐放的时代。

## 四

总的来讲，中国人是勤劳的，只要没有战乱，其人口总会增加，人民也会越来越富裕。因此到了乾隆时代，国家安定，人民富有，尤其是以浙江、江苏为中心的江南地区，地理位置优越，经济不断发展。所以，繁荣之中，文学艺术也迎来了发展时期，文学方面古典主义盛行，美术工艺方面流行所谓乾隆喜好的鲜艳奢华且极尽纤细精巧，织物方面流行绸缎、湖洲的绉缅，陶器方面江西景德镇所生产的器具工艺精巧，备受人们喜爱。另外，与欧美的贸易愈加频繁，那些不熟悉这种艺术的法国人等外国人，对此感到稀奇万分，非常喜爱，争先恐后，竞相购买，这也使乾隆时期的文学艺术得以流行。陶器方面，在康熙时代，还稍微残存着万历年代的纯粹的中国特色，兼具厚重与风雅，但是到了雍正、乾隆时代，虽然皇帝学养深醇，但艺术沦为工业，完全陷于卑俗，显示了中国艺术的堕落。由此，我们可以多少窥到其中之趣，即比起个别天子的喜好，世界历史的变化更能左右艺术的发展。

此时，虽并不拘泥于引进西洋的化学技术，但不管是雍正还是乾隆都是佛教及儒教的尊崇者，对基督教没有好感，对传教士等人，也认为已经吸取了其文化知识，而极少予以重视。尤其是雍正，听说日本岛原之乱的经过以后，完全将基督教徒视为威胁，并下令驱逐他们。但虽说如此，乾隆还是让法国传教士钱德明翻译了自己作的《盛京赋》，让意大利画家郎世宁随行远征天山南路，将其参与制作的十六幅铜板画战争图送往法国制作铜板。本来，乾隆也是真正地为了天下国家而勤政爱民，可是他过于像一个风流才子，自称为一流的诗人，在八十九年的生涯里仅创作的诗便有十万余首，连以创作丰富而闻名的陆放翁（陆游）也望尘莫及。另外乾隆在绘画上也技艺娴熟，不输于行家。言及于此，康熙是无缘于诗人风度的，他的诗总像诏敕文似的诘屈聱牙，多为威严死板之词。如前所述，康熙出于丰富汉文化的知识性的需求而厚待西洋传教士，发布了在其三十余年间准许信教自由的敕谕，但是传教士们得到作为自由精神之主的皇帝的恩宠，便得意忘形，最终暴露了缺点，从而招致康熙的反感蔑视。

如同承认佛教、喇嘛教、伊斯兰教一样，康熙也允许基督教传道。其实，只要基督教将孔子“天”的思想与“天主”的观念相结合，在作为德教的儒教和道德意义上采取妥协的态度，康熙就没有理由禁止基督教。另外，耶稣会士越了解中国的国体及国情，大体上就越必须在中国政府的许可范围内传教。明白这一点后，我们不得不说传教士们坚忍、柔顺的态度是相当伟大的。但虽说都是传教士，也有像方济各会、多米尼克派这两派似的天主教狂热者，他们将其妥协的态度视为基督教的堕落，绝对抗拒，他们在康熙的宽容中趁虚而入，推行其宗旨。康熙执政以来，天主教屡次遭禁，又被解禁，以前曾在康熙身边的传教士，恳请他允许天主教传教时，康熙不快地差遣侍臣回答：贵师还未居天国，然时常挂念天国之事，且几乎不信任现世之事，这实为可笑。且信朕之言，无论何物必有有用之时，要好好利用上帝赐于我们手中的东西（现世的生命）。贵师的担心只对死者是珍贵的。因此把这种担心延续到死后即可。朕对于来世之事不感兴趣。

这样，留下这份记录的耶稣会士李明一派和方济各会、多米尼克两派的传教士，围绕所谓的“礼仪问题”进行了激烈的争论，其实这也是必然的发展经过。并且，虽然问题表面上是关于儒教精神的解释及其与基督教神学的妥协程度的争论，但根本上是欧洲教宗对传教士们在中国宣传的根本性的宗派心持有反感。最终他们将宣传福音的本职工作弃之不顾，热衷于争论本身，甚至虚言妄语，口出狂言，露出丑恶之态。康熙见此既震惊又厌恶，最终对天主教完全失去信任。他嘲笑传教士们说：朕见诸师一直固执己见、互不相让，实为震惊。究竟因何诸师要这样执着于未曾踏足过的世界之事呢？好好享受现世吧。对于神来说，诸师的挂念反而是一种烦扰。难道诸师不干涉，神自己就没有判断能力吗？

即便如此，天主教徒多罗仍不悔悟，批判中国人供奉天地神祇为迷信，频频宣传天主教。康熙知道后，在热河山庄召见他，向他询问各种事宜。但多罗所答之处，完全不顾中国的国情、文化、儒教，只从天主教的角度出发，尽是侮辱非议之词。康熙大怒，严厉斥责了他的无知和迷妄，立即将他驱逐出境，软禁在澳门。

本来，对几个耶稣会士，康熙既将他们看作长久尽忠的仆人，又视他们亦师亦友，十分肯定他们对信仰认真坚持的态度及对中国文化、国防等的贡献。实际上，中国的国威和文化是通过他们的工作才开始远播海外、传至西欧的。当年老的南怀仁客死在异国他乡时，他服丧表示深痛哀悼。但正因为他对基督教的教义表示了相当的敬意，进行了种种考究，面对其丑陋的争斗，才更加不能容忍，加深了幻灭及不快。毋庸置疑，自那以后康熙不仅对天主教，甚至对基督教也冷淡下来。

本来，康熙是孔子的信徒，相信“未知生，焉知死”。作为理想家的他，虽说对西洋科学和哲学怀有强烈的求知欲，但也不可能相信“天国的存在”。

康熙曾说，“敬重神佛，惟在我心而已（精诚所至，金石为开）。自唐宋以来，相传遇神佛祭日，特造神佛纸像供之，祭毕复焚。此虽无关乎大礼，然于道理甚不合，外边小人随其俗尚可已，我等为人上者，知此当各戒之。”由此可知，他虽然以“排斥异端”为原则，但却没有说明什么教是异端，喇嘛教、道教，甚至像满洲的萨满教，只要于政治德化无害，有时甚至还鼓励。在拥有四亿多人口的多民族的中国，康熙应该还是坚持“民可使由之，不可使知之”的治国之道的。

康熙五十八年，他第三次禁止传教士传教，这也是最后一次。此次虽然不包括耶稣会派，但明显意味着基督教在中国的后退。耶稣会派自传入中国一百五十年间，没有引起任何骚乱，但其努力却没有取得像在日本似的成果，即其成果不是他们通过直接的传道，而只是在作为世界文化交通史上的一小页而得到康熙的眷顾之时取得的。通过完成这些，他们应该可以获得神的允许而进入“天国”吧。

## 五

康熙在位的六十余年里，勤政爱民从未间断，如果要毫无遗漏地总结介绍他的治世功绩，像本书似的一本小册子无论如何也不能完成，而且，这也不是本书的主旨。只是，作为康熙的利民业绩之一，绝不能忽视他治水的功绩。因为由此可以看出他的为人、理想及王道精神。

本来在中国，治水在作为政治中心的大项目中也是重中之重。我曾经读到其来源，“治”字是“氵”和“台”字的组合，“台”字为怡，意为高兴、使之高兴，即或者疏导大水，或者使大水退却。不用探求大禹治水的传说，古代中国的善政者，乃至仁君，都不可能不为治水事业奔走努力。渗入中国人骨髓的宿命观，或者像“没有法子”“河清难俟”等话所显示的一般观念，都在特殊的自然状态中得以理解，即虽产生了如黄河般麻烦且狂暴的事物却也不得不背负治理的使命。作为中国文化渊源的这条河，每年携带数百万吨巧克力色的黄泥滚滚而来，一朝即可使桑田变为沧海。对此，志向于内圣外王的康熙不可能不关心。但是这项浩大的事业，如果不能动员相当的国力、财力，就不可能完成。

原本，英明贤德的君主即位时，会发生两件事，一是广施仁政，另一个是加强中央集权。而当昏君即位时则与其相反。首先，顺治的时候，谋求缩小作为明代积弊之源的宦官的权限。康熙即位之初，曾废除了未彻底去除的弊病。这本来与康熙无关，而且，康熙以后宦官制度又不知不觉复活了，但总之对康熙来说，平定“三藩之乱”还是相当有好处的，朝廷内的勤俭之风就是在动乱时期养成的，这成为了后来内帑金（君主手头的现款——译者注）的来源。不仅如此，有鉴于这次动乱，康熙在平定之后，将藩属的土地及兵权回收到中央，废除了世家的特权，让贵族及其亲戚全部住在北京，而且功臣的爵位（公、侯、伯、子、男）越往下一代越淡薄，最终其远房子孙也成为庶民。另外，将内阁设为最高行政机构，给位列其中的大学士冠以各宫殿的名字，如文华殿大学士、武英殿大学士、文渊阁大学士等，虽然并用满人汉人，但是掌握政治实权的还是由满洲人组成的议政王大臣。当然这是康熙执政初期时的情形，还有地方行政区划分为省、道、府、州厅县四级，分别设立长官、总督、巡抚依次进行管辖，通过在各个方面的统管，在事实上扩充了中央集权。康熙用这样统一集中起来的国力、财力，一方面加强国防，另一方面推进治水事业。

康熙的治水事业开始于康熙十六年，一直以来，他就将河务、漕运及平定三藩作为执政以来的三大要务，曾书而悬之于宫中柱上。

有史以来，数十次被自己的泥土阻挡而改变流向的黄河，不知经过多少次改道才在1853年（咸丰三年）像今天似的流经济南附近，最终注入渤海湾。康熙时代，黄河就像今天的陇海铁路，从开封附近向东直流到徐州方向，注入黄海。每年因黄河下流决堤、城镇村落淹水而造成的损害都非常严重。无论如何，河床较之平地高出二十多米，如果只一味地加高堤防，夏季雨水一到，上游水流激增，一旦决堤，其威势完全可以使九州大地马上形成一湾汪洋大湖。这种灾祸，终究不是那种以寻常的人力就可以抵抗的天灾。如果以今日日本的文化机能和国力，暂且牺牲其他事务，真正专心地投入到这项困难事业的治理当中的话，也并非不可能完成的事，但在当时，即使康熙具有极强的统筹力，以那时的治理水平终究不能完全成功。只能看他在多大程度上阻止了灾害。更何况康熙中年时，国库也并不充盈。

康熙一生中六次南巡，视察中国中部的民情，探望洪涝灾害的灾民，这与后来乾隆极尽奢华的游山玩水完全不同。当时，虽然康熙特派钦差大臣监督修缮堤坝，而且前前后后花费数百万的内帑金来修缮堤坝和救济灾民，但一直没有什么效果。他认为治水工事之所以不能顺利进行，是因为淮河各支流的汇合之地洪泽湖（江苏省）的水势过大，加之与黑河运河的合并，导致河水逆流入湖，湖无从出，才泛滥于各地。于是为使清水不再倒灌，而稍向北方引黄河之水，同时疏通洪泽湖的水以减小水势。但是，中国的官员面对公家的事情，缺乏认真工作的精神。所以有不少官员反而成为所谓的官匪，他们利用职权徇私枉法，玩忽职守，动辄贪污受贿。后来之所以爆发鸦片战争，部分原因也是地方官员利用政府禁令，向中央隐瞒从走私者手中贪图高额利益的实情，只一味与英国为敌。另外，在康熙准备划定满洲和朝鲜的边界线时，由于被派遣的官员疏忽大意，最后导致没有彻底贯彻康熙的旨意。在治水工事上的弊病也是一样的。这样，不管康熙治水多么认真，甚至免除亲至之地灾民的年赋，凑出治水钱款，也不会有多大的效果。

康熙曾说:“朕历巡江浙，所过州县，察其耕获之盈虚，市俚之赢绌，视十年前，实为不及。此由地方有司奉行不善，朝廷恩泽卒未下及。”

另外，据史实记载：“（康熙认为）黄淮两河关系运道民生，最为重要。……康熙三十七年，黄淮并涨，总河董安国，不坚筑堤堰，疏通海口，因而河身垫高，以致倒灌洪泽湖口，湖水从六坝旁泄，由运河入下河，淹没民田。于是罢董安国，而以于成龙代之，授以治河方略。朕随授以治河方略，详加指示。三十八年，（康熙）亲往阅视，驻跸清口河干，又面谕于成龙，清口宜筑挑水坝，挑黄水使趋北岸方可免倒灌清水之患。（而于成龙未获成功，继用张鹏翮为总河。）……此坝不筑则黄水顶冲。……张鹏翮遵奉朕言。坝功筑成，（黄流遂直趋陶庄，清水因以畅游，）叠经伏秋大涨，并无倒灌之事……今黄河深通，河岸距水面数十丈余，纵遇大涨亦可无虞。”

有一次，关于一个地方的治水之法，皇帝咨询张鹏翮的意见，那时，张敷衍了事，回答尽是奉承之言。皇帝大怒，叱责他说：“尔所言皆无用闲文。朕所问者，乃河工事务。文章与政事不同，若作文字，牵引故典，便可敷衍成篇。若论政事，必实在可行，然后可言，非虚文所能饰也。凡事在大庭广众可言者，方是至公无私。今满汉文武内外大小诸臣齐集。尔可将此河当开与否，一一明奏，何必牵引闲文？”

还有一次，有一个叫伊桑阿的官吏，列举了数十个可怜的罪犯，请求延缓他们的死刑，康熙说：“此等所犯皆当死，犹曲求其可生之路，不忍轻毙一人。因念淮、扬百姓频被水害，死者不知凡几。河患不除，朕不能暂释于怀也！”伊桑阿陈灾民困苦状，康熙说：“百姓既被水害，必至流离转徙。田多不耕，赋安从出？今当预免明年田赋，俾灾黎于水退时思归故乡，粗安生业。天下黎民皆朕赤子，朕最悯念者有三等人：一读书寒士，一饥寒穷民，一无知犯法之人。”

总之，康熙死后，虽然治水费用大幅增加，但仍没有什么效果。洪水灾害作为中国三大患中的一大患，虽然康熙没有解决它，但与其他朝代相比，当时已经好很多了。后人称赞康熙为潘季驯后的第一人（潘季驯是治水的大功臣）。

关于治水，还不得不说到运河的工事和青帮。

在运河中，形成其大动脉的是一条源自北京，经过河北省，流经山东省、河南省，最后到达浙江省杭州的运河，据说这是由隋朝的炀帝开通的。但事实上，其中一部分在夏、周朝就着手建造了，炀帝所完成的不过是全长的三分之一，剩下的大部分当然就是在康熙、乾隆两代时完成的。这条运河，现在早已不怎么使用，所以很多地方都被掩埋了，但清朝时，要想将江苏、浙江一带出产的大米运到北京一带的话，首先必须通过这条运河的船运。

但是，在这条长长的运河途中，土匪盗贼频出，掠夺大米。康熙在康熙二十三年第一次巡察江南之时便发现，这个地方虽然丰饶肥美，资源丰富，但人情却不如北方淳朴。所以，为了防止偷盗抢劫，他四处募集义勇的壮丁，将他们组织起来，给他们发放御用朱印，让他们护卫运送粮食的船只。这个组织，正是现在仍在中国中南部拥有强大势力的青帮——后来又形成了洪帮——的鼻祖。康熙也没有想到这个组织最后竟然发展成为帮会性质的，拥有数百万人的秘密结社。

# 第八章　康熙晚年——悲剧——死

## 一

如果硬要讽刺地看待康熙，一般认为康熙是多么的盼望并想象自己作为世上难得的仁君，受万民景仰，被后人歌颂，如何经常会以仁君的风范行动，并勤于亲笔一一记下自己的善行。虽然他所述的《庭训格言》有一种目的是作为家训留给继承其皇位的子孙们，但不管怎么说，他在任何场合都不忘自己是满洲人，同时又是汉民族的帝王，万人师表，是模范。在这种特别的环境下，他从儿时起就形成了这种特别的心理。因此，把他看作伪善者当然是不妥的，至少他总是不满足于阴德，也想要积阳德。而且似乎他认为这是作为天子所必需的。也就是说，身为天子，乃万人师表，必须要拥有足以成为万人之首的高尚人格，而这种人格的品德不应隐藏。因为若是隐藏的话百姓就不会景仰他，由此百姓（汉人）就会轻视皇帝，而这是不利于国家的。

所以，他不是个谦逊的人。如果谦逊的话，他又会在某处吹嘘，将之作为“圣训”。原本孔子的教诲中就有“克己复礼”“人而不仁，如礼何”等，谦逊这一品德没有被当作品德的根本而予以特别重视。重视谦逊的是老子，主张和光同尘主义的老子说过“谦下不争，不敢为天下先”“亢龙有悔”等，是一位谦虚道德大家。其谦逊战术同他幽玄的思想一样，是一种优雅的处世方法，这十分符合日本人的兴趣。然而，与主要倾向于讲述为“民”的生存之道的老子相比，孔子莫不如说是更倾向于教“统治者”的生存之道。所以康熙几乎没有运用老子的学说。若有便说有，做了便承认，这确实既不是傲慢，也不是伪善，反而有时隐瞒起来才是伪善。不仅如此，康熙要面对人数最多的汉族人民，要面对只对人使计谋，把别人说的话也当作计谋只听一半的汉民族人民。然而，说起计谋，装作谦逊也是一种消极的计谋，而且这种消极的方法对汉民族的人是不通的。对那些胡乱谄媚谦虚，衣衫褴褛的人更加轻视的便是汉族人民。当然，康熙有着极大的自信。然而，自信再强大也不能原原本本地适用于其他事情。身为圣明的君主只有威严是不够的，同时没有威严的恩惠反而会毒害社会。在中国尤为如此。以帝王的立场来面对这些汉族人的时候，或者像是在汉民族围坐的圈中谒见外国人一样的时候，多少需要傲慢的态度，这一定是操劳的康熙自己慢慢领悟出来的。所以，他甚至被传教士们说成“亚洲帝王中最傲慢自大的皇帝”。

总而言之，他不是那种只要实际状况好，而不在乎他人对自己的看法，或者是否受到喜爱的超然的人。按他的话说，那是普通百姓的想法，若为人君则不会仅仅这样就可以了。他认为还是必须让天下万民都敬畏自己。至少他绝不单纯简单。这就是他的帝王之学。

但是，他不允许自己的帝王之学只是“徒有其表”。仅仅是“徒有其表”、装模作样的话是无法持续统治六十年的。他将诸葛亮的“鞠躬尽瘁”作为箴言，近侍的讲士称这句话是大臣们要履行的，不是皇帝要履行的。他回答：不会的，即使是君王，对于天来说也就是一个人，鞠躬尽瘁有何不可。而且他实际上就是这么做的。“有一天，康熙皇帝看到有位老人在路旁哭泣。这位老人不知道他是皇帝，便向他哀诉官吏夺走了他唯一的女儿，要是没了女儿自己就没法活。皇帝打心里同情这位老人的悲痛，抑制不住对这位官吏暴虐行为的愤怒。皇帝立刻带着老人到官吏的家，并将这名官吏当场问斩。而且为安慰这位老人，皇帝特地下旨升他做官。”（Le P. du Halde）

这样的事情究竟有多少是真的，硬要怀疑的话可能会有疑点，但根据事例，根据康熙自己的记录，据说有一次，皇太子与西洋人徐日升一同去见皇帝，就养心殿的建筑实务闲聊了一番——这位皇太子叛乱、品行不端以致后来二次被废，此时开玩笑地问徐日升，可以剃你的胡须吗？徐日升满脸困惑，但不管怎样这是皇太子的话。便说，太子若想剃的话就请剃。但是在一旁的皇帝笑着说：等等，若剃，要得到我的允许；我若不许，那可就不能剃了。于是皇太子才不再捉弄徐日升。

当时徐日升听到皇帝的话，双眼含泪，一句话也说不出来。数日后，他自己一人去觐见皇帝，流着泪说道，皇上为何如此神圣。皇子要剃一个外国人的胡须这样的事又有什么关系。即使这样皇上仍要深思熟虑，告诫这件事不可以做。徐日升真是感激得不知该说些什么才好。

康熙将这件事说为“夫一言可以得人心，而一言可以失人心也”，所述即此。然而这件事确实是值得自豪的训诫。一个皇子捉弄外国人，要把他爱惜的作为自己一个特征的胡子剃掉，而皇上若对此放任不管，这就绝不是一个琐碎的玩笑事。人心的微妙处就在这里。没有一位仁君会对细微之处的察觉不敏锐。

“古人一年四季出猎，若此则人劳而禽兽亦不得遂其生。朕一年两季行幸，春日水猎，欲人之习于舟楫也；秋日出哨，欲人之习于弓马也。若此则人不劳而禽兽亦得遂其生。”

“春至时和，百花尚铺一段锦绣，百鸟且啭无数佳音，何况为人在世，幸遇升平，安居乐业，自当立一番好言，行一番好事，使无愧于今生，方为从化之良民，而无憾于盛世矣。朕深望之。”

“凡人处世，惟当常寻欢喜。欢喜处自有一番吉祥景象。盖喜则动善念，怒则动恶念。是故古语云，人生一善念，善虽未为，而吉神已随之；人生一恶念，恶虽未为，而凶神已随之。此诚至理也夫。”

像这样，修身、德行、养生、学问、御众（统治人民的方法）等方面康熙的警世训谕不胜枚举，虽然这些多数都只是表达出一般常识，但毕竟这是他从亲身经验中总结出来的话，并倾其一生孜孜不倦地努力践行着。也有人讲他的坏话，说他喜欢将人尽皆知的平凡陈腐的东西训诫得有模有样，然而他更认为平凡的事才重要。西洋各国献给他南洋的珍禽、狮子等时，他曾说过已经到了能够见到经常在书上出现的地方的宝物，并可以蓄养的时代了。然而赠送来的狮子并没有什么奇特之处。只是说，特地从遥远的国家送过来，这份心意我很高兴，也不能还回去，所以只能养了。朕不喜欢珍奇的东西。喜欢珍奇东西的习惯容易被他人或外国人利用，也是很危险的。

康熙之所以能够一生坚持这样努力，当然也与他得天独厚的非凡的健康、精力是分不开的。据说他小时候曾得过轻度的天花，留下了淡淡的痘痕。他也曾学习过度以致吐血痰，在亲征蒙古的途中生病返回，为此中止了战争。还在四十岁那年患过疟疾。康熙似乎已把这些事情忘得一干二净，他说道，朕少时天禀甚壮，未知疾病。筋力又颇刚，挽十五力弓，发十三握箭。今春始患头晕，渐觉消瘦，秋月行幸蒙古时因其水土甚佳，精神日健，每日骑射亦不觉疲劳——即使是酷暑也不脱帽，不用扇，极寒时期狩猎的时候摘下帽子不蒙脸。一切都是让身体习惯于一定的自然温度的练习。有记载说他总是坐姿端正，不靠椅背，步入晚年也不拄拐杖。他不讨厌酒，但会节制，他认为酒本是为了祭祀，不应该用来满足自己的嗜欲并沉溺于此。大家会认为所有这些作为天子的修行都非常约束，然而当时的人们却并没有觉得特别苦。所谓十五力绝不是指十五人力。总之可以肯定的是，他一定是生来就非常强壮，而且克己之心，或者说意志力也非同寻常。

## 二

纵观上述内容，康熙进行的各项事业大体都是成功的，就算没有成功，至少也不是无效，更不是失败。

然而，康熙也是人，也会偶尔失败，体味到常人无法体验的辛苦。其中最严重的要数围绕皇太子废黜事件的皇室大暗斗。

要讲述这件事，就必须再次讲到作为过去中国家族制度基础的一夫多妻的风习。当然一夫多妻制不是中国特有的。日本的将军、大名、公卿等的内侍、御局也都是这样。而且满族也未必是模仿汉民族的风气。总之，康熙有孝诚、孝昭、孝懿、孝恭四位皇后，仅皇子就有三十五人，统观清朝族谱也算是家室较最多的皇帝。他曾说："今朕年将七十，子孙曾孙百五十余人。"他认为家族的繁荣是上天对自己勤于仁政的奖赏并为此感到骄傲。即使是在民间，家里若有些财产的话也会发生家庭纠纷，何况康熙晚年国家昌盛。但康熙在继承人问题上没有规定皇太子要由长子来担当。他说，古史书上记载着以宫女不出三千而成大德，明朝宫女有数千多，仅脂粉钱就达百万。今朕宫中使女仅三百。何况朕未接近使唤她们。宫女年龄近三十的即刻解雇，送回其父母处，让其结婚。即使这样依然无法防止不肖子孙引发事变。

那是康熙十四年的事，康熙刚过二十岁的时候，将二皇子胤礽立为太子，当时皇子只有两岁。本来像汉民族一样在公然的一夫多妻制国家，在众多的皇子中，不会一定要立长子为继承人，而是就皇子中优秀的胜任者同大臣商讨之后予以册立，这种制度是合法的，绝不是一项坏制度。然而，皇帝年纪轻轻尚不知今后会有多少皇子，就慌忙地立年仅两岁的皇子为继承人，不得不说这有些为时过早。也许康熙有着尽早决定事情以安神的习惯，而这原本就是不符合康熙作风的大失策。胤礽本不愚蠢，而且康熙还让其最信任的硕儒熊青岳（赐履）负责对胤礽的养育，教养训育无微不至，可以看出皇上十分宠爱他。康熙到满洲打猎时也会将射到的熊和虎作为二皇子的功绩，还在讨伐蒙古的前线屡次给他写信报捷。太子年少时也文武兼备，甚至有人称其贤明。然而，塞内加的弟子里也会出现尼禄，何况中国的朝廷内部地位尊贵的人身边总是聚集着许多趋炎附势的小人谄媚奉承。被这些奉承恭维着，习惯别人纵容他的任性、为所欲为，得意忘形，从而走上邪路。最终允礽的傲慢叛逆到了一发不可收拾的地步，而这完全不难想象。而且与其说胤礽本性不端，还不如说他是个精神病患者。他无故殴打大臣，在半路上将外藩来朝贡的使臣逮捕并施加暴行等，都是疯癫发狂的举动。长兄胤禔和他的弟弟们看到胤礽这个样子，再加上道听途说，当然不会默不作声。于是，毫无疑问就会出现一些奸徒为了飞黄腾达，挨个奉承、教唆、煽动这些皇子。另一方面又有一些野心家蠢蠢欲动，他们拥护太子，与这些党徒对抗，摆出一副忠义的嘴脸，别有用心地利用皇室的骚动混乱火中取栗。王位继承问题在欧美史上也屡屡可见，但不知为何，在康熙朝廷内部的家族骚动中，站在皇太子这边策划阴谋的一号人物其实是内大臣索额图，所以事态愈发严重。

索额图原本袒护耶稣会派，在耶稣会派传教的问题上，他甚至谴责康熙的态度优柔寡断。《尼布楚条约》的成功签订，也是由他和那个险些被剃掉胡子的徐日升等人一同完成的，所以可以想象他的背后一定又与耶稣会派有牵连。实际上他们对下任皇帝雍正即位急不可待，露出政治阴谋的野心，因此反而遭到雍正的严厉驱逐。

总之，功臣成为重臣，特别是像索额图这样与皇室有着姻亲关系的人一旦得势，就会最终陷入权力的诱惑中，甚至唤起上述的违背道义的野心。这种情况也很常见。康熙年间的一大不幸，是在康熙四十一、四十二年公然爆发的，据说索额图要求皇帝退位。康熙其时尚未满五十岁，还不到退位的年龄，由于他察觉到索额图这一重大阴谋的歹意，断然将其处死。原本不喜欢过激的康熙采取如此毫不留情的手段实在是万不得已。恐怕他是想以儆效尤，结果反而使各皇子夺位的行动更加隐秘、阴险、险恶，太子由于其后盾被杀，也终于自暴自弃以致发狂，为保其地位甚至策划暗杀其他皇子。康熙看到自己有了三十多个儿子，事到如今他对过去早早立太子这一失策行为懊恼不已，即便如此这也是太过不幸了。由于太子对其怀有怨恨，又有传闻说有人夜里从帷帐的缝隙里窥视他，康熙陷入可能会遭弑逆的恐惧状态。他不得已于康熙四十七年召集诸位皇子与大臣，派人传来皇太子，命其跪下，之后说出太子“暴戾淫乱，难出诸口，朕包容二十年矣。乃其恶愈张，僇辱在廷诸王贝勒官员，专擅威权，鸠聚党羽，窥伺朕躬，起居动作，无不探听。今胤礽欲为索额图复仇，结成党羽，令朕未卜今日被鸩，明日遇害，昼夜戒慎不宁，似此之人，岂可付以祖宗弘业？”说完后痛哭扑地，此后一段时间一直卧床不起。

于是，康熙宣布废黜太子，胤礽被幽禁起来。皇帝太过懊恼，以至于几日未眠，健康也彻底受损。由于皇子中还有不孝子对此没有察觉，以为现在正是时机，于是暗中行动，逼迫皇帝立自己为太子，甚至到了康熙曾有一次想拔出佩刀亲手斩死那个皇子的地步。他的烦恼与其说是废黜宠爱的胤礽，不如说是绝望的悲叹，为了王位，儿子们如此令人厌恶地不断骨肉相争，他担心这样下去祖辈和自己辛苦打下的基业都会化为泡影，清朝会在自己这一代灭亡。

不知为何，胤礽的疯癫症状一时有所稳定，而且有反省的迹象，所以康熙很是高兴，再次封他为太子。但是，这也只是刹那的空欢喜，由于胤礽再次发狂，而且比以前更加暴戾，遂于康熙五十一年第二次被废黜。同时，康熙将参与此次内部纷争的幕后操纵者全部逮捕询问，说道："父子间虽无他故，彼等在其间生事之罪难免，此等小人若不惩治必成国之乱阶。"并处以锁拳之刑。就这样，自从将皇太子监禁到咸安宫以来，直到他临终之际也没有再宣布册立太子一事。七十岁的宰相王掞曾有一次就立太子之事向皇帝进言，康熙很不高兴，他厌恶下臣对立太子一事插嘴，这沿承了明代的恶习。

然而，康熙实际上已经在心里有了下任皇帝的人选，即第四皇子胤禛（即后来的雍正）。

康熙六十一年，康熙六十九岁的时候，在乾清宫前举办千叟宴，前后为时两天，邀请一千位六十五岁以上的满汉大臣赴宴，为诸王、贝勒（满州王族）以及闲散人士等授爵劝饮，自己还作了一首七言律诗，宣扬其受天命为天子治理天下的盛况。如此之深地动摇清朝宫廷根基，甚至引发国家存亡危机的这股围绕皇位继承的潜在势力的内部纠纷，到此时也渐渐恢复了表面的平静，有所收敛。这确实是康熙的威严和德望的最后一次体现。康熙在那个时候，大抵都在热河的承德避暑山庄，或是召见格根，或者叫喜欢的画家王石谷即兴作画，悠然地享受自然的乐趣，和十分溺爱的孙子宝亲王（即后来的乾隆）一起，安详地度过了平静的余生，而这是只有度过充实的辛勤劳作的一生的人才能在晚年享受到的。

在这一年康熙曾两次长期居住在避暑山庄，十月份到南苑最后一次外出打猎，但患病后不久就搬到畅春园的离宫，从未废止过的冬至郊祀祭天的大礼也未能亲自进行，而是由皇子胤禛（和硕雍亲王）代理祭祀。两天后，他可能察觉到自己大限将至，就将诸皇子召到寝宫，叫到榻前，发诏曰："雍亲王皇四子胤禛，人品贵重，深肖朕躬，必能克承大统，着继朕登基，继皇帝位。"雍亲王听到诏令立刻赶到寝宫见皇上，但为时已晚，皇帝已经驾崩。是年为康熙六十一年（1722年）十一月十三日。

据某书写到，康熙未必是因喜爱雍正才选他做皇帝的。他之所以选雍正继承皇位，倒不如说是因为他特别喜爱第四皇子的儿子宝亲王。宝亲王（乾隆）的母亲是后来的孝圣宪皇后，原称钮祜禄氏，是贫穷的满族人。在清朝，有着这样一个惯例，即历代的皇后、皇妃都会在身份卑微的满族旗人的女儿中挑选。这样有三个好处，既防止了上流阶层的腐败恶习传进宫中，同时贫家女大多身强体健，而且还可以了解民情。特别是这个钮祜禄氏非常稳重，有着较高的淑德，是一位贤母。康熙可能也考虑到了这一点。说起康熙的子嗣，他有一百五十多个孙子孙女和曾孙，仅孙子中就有六七十名非常优秀，而在这些人中康熙更宠爱乾隆，大概是因为乾隆六岁就能背诵周茂叔的《爱莲说》这么聪明吧。不过，乾隆是康熙五十年在承德的一个离宫——狮子园中出生的，年幼的他在这里长大。由于晚年的康熙常常住在这个离宫里，乾隆与这位皇帝祖父特别接近，所以在松籁飒飒的林泉中与群鹿嬉戏之间受熏陶的机会很多，这可以说是他幸运的地方。雍正虽然“人品贵重”，但没有过分的聪明，性格与康熙相比，好比锐角和钝角之分，说他“深肖朕躬”，是康熙的误会，还是另有深意，不得而知。无论怎样，从三十五个人中把雍正挑选出来，康熙不愧是眼光锐利。

雍正感激父亲的恩宠，将康熙谥号定为圣祖仁皇帝，将其遗体厚葬在景陵。

日月灯，江海油，风雨鼓板，天地间一番戏场。
尧舜生，文武末，莽操丑净，古今来许多角色。

——康熙帝作

康熙六十九年的生涯就是一场大戏，这场大戏就这样拉上了帷幕。

顺便介绍两个外国传教士对康熙风采的叙述：

“皇帝中等个头。很温柔，稳重，举止动作庄重，他威严的外在表现无论哪一点，在一千个人里面，也能清楚地分辨出来。然而这是他装出来的庄严的态度使别人这么认为的，以显示自己是个内心高傲的人，这一点，在我见到过的这些王公里，无论是哪个人都没有在他之上的。——他是天生就会命令人的人。”

“在我看来，皇帝的个子较普通人更高一些，仪表堂堂，比我们稍胖，脸上有痘痕。前额宽大，鼻子和眼睛与汉族人一样小。嘴唇漂亮。脸的下半部分有亲近感。他的动作温柔，所有的态度举止都有帝王风范，一看就有显著的特点。”

**经叶赫废城**

断垒生新草，空城尚野花。
翠华今日幸，谷口动鸣笳。

## 入乌喇境

苍山岌嶪路绵延，野燎荒原起夕烟。
几点寒鸦宿枯树，半湾流水傍行旃。

——过满州古城址，康熙帝作

# 结尾

大概人类社会中到处都存在私情。不管如何统一管制、整肃，人类毕竟不是机器，而是具有人情、私情的生物，只是或明显或隐晦，因此不能仅仅参照死板的法律或道理。更何况一直以来就习惯于无政府状态的中国人，可谓自由主义国民，最讨厌统一管制、上层的干涉等。

只是这个私情，既有出自小我之情，也有基于民族性、国民性的自然习性、传统之情。而且，这个民族性、国民性是数千年里在这片土地上定居生活期间，人们根据这个国家的地理状况、自然条件，而逐渐形成的最适合其社会生活的特点，因此不应当有什么不合适。不用说，不追溯其自然的源头，不进行深究，而是理所当然地把一项适用于一个地方的合法制度直接应用到其他地方，这种想法是极其错误的。当然，私情是源自与公众的人性化相背的少数人，但其渐渐得到推崇固定下来，成为社会的弊病，等到将其看作是能够保证整个国家的生命、发展的国法家规，且公私颠倒之时，就犹如一个地方的癌细胞扩散到全身一样，国家、社会也就病入膏肓了。所以无需争论，矫正、去除这样的恶性私情是政治生活的一大要件。然而，把什么都归于私情，只要是出于“私”就都消灭，这种想法又过于浅薄，还是必须了解针对人性的政治秘诀。

康熙准确地识别了这一点，可见他的确是一个聪明的为政者。他作为一个伟大的改革者，肃清了很多汉人的恶习。但是，基本上只要是出于中国人根本的国民性的人性、风俗、制度，康熙就不进行改革。在他看来，对于一些微不足道的事物，他宁可采取保守、拥护或者是复兴的政策。因为康熙深知，若对其大刀阔斧予以修正，汉人一定会反对清朝。要想统治汉人，不仅要接受其优点，也要接受其缺点，若执意歪曲其固有的个性或者对其进行屠杀，最终将一事无成。不管是好还是坏，中国人的国民性是命运，是不可改变的。一个优秀的为政者，不是要强行改变民族固有的命运，而是要顾全大局，最大化地利用其命运。由此，康熙并没有对汉人及其文化弊病进行全盘手术、改革，而是通过引进外来的西洋文化，给其注入新兴民族的新鲜血液，间接地慢慢修正、弥补汉文化的缺点，改变其恶习，使中国起死回生。

据实而言，也有人认为，汉人社会底层大量存在的陋习根深蒂固，康熙对此也束手无策。既然私情牵扯到人性中的

“私”，那它在什么样的社会制度中最容易滋生，最容易发展呢？应该还是中国式的家族主义。由于这是一种国家式的利己主义，与西洋式的个人利己主义相比，容易酿成更复杂的私情。其中，一些人由于共同的利益拉帮结派，最终成为如同社会之癌的寄生虫。中国人是最为保守的国民，他们遇事也经常议而不决，召开马拉松会议。之所以这样，也是由于各党派为私人私党而争权夺利，其结果只能维持现状。

例如科举制度，这如同日本的文官考试，是从唐代就存在的旧制，年轻人通过科举考试做官，跃入龙门。无数年轻人为了有朝一日登庙堂之高而树立凌云壮志，努力学习。这样的制度，本来不应该成为恶习。但科举考试从明代起就变得异常复杂困难，大多数的考生在其三个阶段（秀才、举人、进士）中数次落第，岁月流逝，年岁增长，几乎一生都白白浪费在考试准备上。

据说，科举制的发展也是出于如下理由，即一些年轻的读书人不断涌现，他们血气方刚，坚持以自己的正义观发表意见，即所谓的处士横议（指没有做官的读书人纵论时政）。由此他们把政治变为空谈理论，而不进行实践，而那些位居庙堂之中的人在妄作胡为的同时，深感自己的地位受到威胁，于是尽量阻止那些麻烦的读书人考中进士，而是让他们在不断的学习中变得老态龙钟，潦倒不得志。另外，科举试题基本上集中在“四书五经”和宋学上，参加考试的考生绞尽脑汁也只能写一些安全却毫无特色的东西，不能表达出自己独特的见解。而且，由于一心想要考中入仕，导致考生的天性扭曲，变得丑陋卑劣，没有生机。本来是为培养人才而制定的政策，最后却堕落成为削弱人才、埋葬人才的制度。

虽然这样说有一点夸张，但是当时的中国，只这样培养文官官员，而其他方面的国家事业，如军事、工业、商业，或者与农业、工业、医学相关的知识，这些能促进国力发展的方面却没有像科举考试似的选拔制度。这种不平衡的发展可以说是文教第一主义的中国在国家制度上的大缺陷。现在的中国，虽然已经对学制等进行了大改革，也设立了各种大学、专科学校，但至少过去那种“官匪”的坏影响依然很严重。正因如此，对中国的国民来说，理所应当会想成为那种“超值合适”的官匪，所有这些现象大多是源于古代中国家族主义中的私情。

康熙时代是对明朝旧弊的肃清期，虽然科举制度还未沦落成那样的恶习，但并不清楚康熙对其持何种态度。然而《帕雷纳的信》中写道，“中国人没有那种促进西洋科学发展的人的好奇心（Curiosité）。他们对于国民的安宁、个人的幸福这些事持有特殊的观念，他们认为，纯理论的学问是不具有增进社会福祉的效果的”，“在（中国）国内几乎没有竞争意识。这种现象源自这些事实，即天文、历法的研究既不是出人头地之路，也不是致富之路。在中国出人头地的捷径，是研究经书、史书、法制、伦理，进而考中科举”，“在历朝皇帝之中，为纯理论的学问发展做出贡献的仅有康熙一人”，“研究一些新的麻烦的事物能获得什么呢？这样做只会招致过失。若这样做一定会白白浪费几年的俸禄，这简直就是方便他人，自寻死路”。

在这些西洋人看待中国人的观念中，有不少还是很准确的。的确，中国人是经验主义者，而并不擅长探寻经验之道理。他们这种在进取的研究精神上的不足，可以说是源于其国民性中的赌癖。夏目一拳氏写道：“他们（中国人）认为，不管是王侯夺取天下，还是昔日的乞丐将来成为马贼的头目，都是一种赌博。所以昔日的王侯也有可能失去民心流落街头。他们把这些人生的荣辱盛衰、兴亡浮沉都看成一种宿命，也看成一种赌博。四千多年来，国民继承了这种大赌博的传统，所以理所当然，他们也热衷于那些能够安慰自己的小赌博。”因此，中国人不会因为一次的不走运而那么绝望。

康熙也曾在教导人们不要赌博时说道：“奈何好赌博之人，身家不计，性命不顾，愚痴如是之甚？假赌博之名以攘人财，与盗无异，利人之失，以为己得。”从这些话中我们也可以一窥中国人的国民性。但本来康熙就只熟知作为汉文化表面的儒教，而对于其深层次的渗入到民众骨髓的道教思想的威力，如其关于地位和时势的关系等却较少关注，所以他对于这种与民间的宿命论密切相关的赌癖，也只能说出这些几乎没有什么效果的训诫。也就是说，可以认为康熙只高高在上地进行了一些正面观察，却没有充分地从其侧面或下层进行观察。不管康熙是多么认真的研究家，他作为九五之尊，还是会有遗漏，不可能面面俱到。总之，从这种所谓“听天由命”的不负责任的宿命主义——当然也是因为中国人对新研究不感兴趣——又衍生出了“多一事不如少一事”的消极主义。同时，乍一看有点矛盾，但其中还是保留有游戏人生的赌性。不管怎么说，如果深入了解、统治融合有着各种传统私情、弊病的中国人，就会发现其“统治之难”，这一点就连康熙也叫苦不迭。所以更不必说后世子孙把康熙这种发自大乘精神的积极的治国之道继承传扬下去了。

果然到了雍正一代，私情、弊病又回到中国的政治生活中。据说雍正为人阴险多智，可谓是仁义的外表下拥有斯大林似的铁腕手段。他凭借可怕的猛烈的攻击，迅速地战胜其他夺嫡的兄弟，与利用其父皇（即康熙）的宽仁而日益傲慢的汉人官吏一起，流放了那些表露出政治野心的西洋传教士（如Lo P. Morao等）。雍正认为当时天下已经太平，没有认识到国防的紧迫性，因此他更加不重视这些传教士所宣扬的科学。到了乾隆时代，这些传教士又在一定程度上得到重视，但却是因为中国人开始享受他们所宣扬的法兰西文化的精华，而且这些异国文化可以把中国装饰得更加丰富多彩。这些事情也都可以反映出与康熙相比，雍正和乾隆的目光短浅。因为若按照康熙的做法，他一定会不厌其烦地引进西洋先进的科学技术，并将之用于日常的军备上。如果是这样的话，清朝的统治会更加长久，作为领先日本两百多年的拥有先进科学的文明古国，对西洋白人的侵略也能够防患于未然。

雍正也专心学习汉文，崇儒礼佛，尤其是在治理财政经济方面，其功绩远超康熙。顺治、康熙年间开垦荒野，其时播撒的种子，在雍正年间精心培育养殖，到了下一个皇帝乾隆年间，结果丰收，犹如头上降下黄金雨。毫无疑问，康熙、雍正、乾隆每个人各具特色，都是优秀非凡的帝王，但如果对他们一概而论，是不公平的。若将康熙比作天山，巍峨地屹立在中央，那其他两位帝王则为位居其左右两侧的壮美山峰。康熙、雍正时代多庄重严肃之气，而没有乾隆盛世时所看到的那种和畅、华丽的浪漫之趣。我个人认为，康熙和乾隆正像日本的藤原镰足及其后裔关白道长，虽然两朝规模大小不同，但是假如康熙看到晚年的乾隆那犹如命运的宠儿般骄奢的样子，想必一定会唏嘘不已，一脸愁容吧。

我们经常考虑这样一件事，即对于中国人来说，到底怎样的统治者才能使国民最幸福呢？依我个人之见，正是像康熙那样至诚的帝王。康熙出身少数民族，但熟知且从根本上理解并掌握了中国的国情、国体、文化，并且真正地遵循儒家思想，勤政爱民。汉人出身的帝王，对待同为汉族的子民，没有必要发自内心地奋发图强以期赢得人们的尊敬爱戴。而且，他们很难像旁观者以批评的眼光观察与自己同种民族的人的长处、短处似的来进行反省。虽然中国人在反省力上感觉敏锐，但过于骄傲自大，盲目迷信自己。曾子说，“吾日三省吾身”，但现在不要说“三省”，“一省”也不做的自以为是、粗心大意的人也数不胜数。由于这些人眼中的“夷狄”备受侮辱蔑视，所以当“夷狄”得以进入中原进行统治之时，就会真正地立志奋发图强。若是一般的帝王，肯定会先争取汉人民心，然后利用其赢得的民心来稳妥地笼络国民。但是，如果有人为了真正奋发图强，一方面比汉人还努力朝着（汉人的）理想迈进，真正坚持内圣外王，为了天下万民的幸福而鞠躬尽瘁，另一方面又以旁观者的身份，为了改善国家弊病而励精图治，这对于中国民众来说，实际上是再好不过的。

## 述　情

又驻塔湾见物华，先存蔀屋重桑麻。

惠风遍拂维扬市，沛泽均沾吴越家。

作鉴道君开艮岳，长嘘炀帝溺琼花。

浇胸经史安邦用，莫遗争能纵欲奢。

（南巡驻塔湾，康熙四十四年作）

# 跋

本书原本是打算以“康熙与乾隆”为题目进行写作的，但仅康熙一代的记事就已经超出预计的页数了。若再写到雍正帝、乾隆帝，这三位皇帝各自的人物、性格，还有其时代、对外关系等让人感兴趣的史实，就更会没有穷尽，所以我中途改变写法，决定本书以康熙一代为中心，在有限的页数中尽可能集中描写康熙帝，同时将其他两位皇帝的事迹穿插进来。虽然也深感遗憾，不太满意，但我想将来一定会有其他的机会进行弥补的。

目前本书所参考书目如下：稻叶君山的《清朝全史》（上、下卷）《支那近世史讲话》，西本白川的《康熙大帝》，松井等氏的《东洋史讲座（第四期）》，后藤末雄的《支那思想的法国西渐》，卫藤利夫的《满洲文化史上的一段插话》《鞑靼》，园田一龟的《奉天史话》等。对于各位，我深表敬意及谢意。

1938年12月5日